ATRÉVETE A SOÑAR Y TRABAJA PARA GANAR

Más de un millón de copias vendidas

DR. TOM BARRETT

ATRÉVETE A SOÑAR Y TRABAJA PARA GANAR

Alcanza tu libertad financiera en el Network Marketing y aprende a administrar tus ingresos

TALLER DEL ÉXITO

Dedicado a Linda, Lindsay y Stephanie.
Ustedes son la razón por la cual
me atrevo a soñar y trabajo para ganar.

Atrévete a soñar y trabaja para ganar

Taller del Éxito, Inc.
Sunrise, FL 33323, U.S.A.
Teléfono: 954-846-9494
Estados Unidos
www.tallerdelexito.com

Editorial dedicada a la difusión de libros y audiolibros de desarrollo personal, crecimiento personal, liderazgo y motivación.

Traducción y corrección de estilo: Nancy Camargo Cáceres
Diagramación y diseño de carátula: Carla Bórquez Carrillo

ISBN: 978-1607385301

Printed in The United States of America
Impreso en Estados Unidos

19   20   21   22   23   R| UT   07   06   05   04   03

Contenido

PARTE UNO
CIMIENTOS PARA EL ÉXITO

Capítulo Uno

Capítulo Dos

Capítulo Tres

Capítulo Cuatro

Capítulo Cinco

PARTE DOS
EL LADO SICOLÓGICO DEL ÉXITO

PARTE TRES
EL PODER DEL LIDERAZGO EN EL MERCADEO EN RED

AGRADECIMIENTOS

EN EL MERCADEO EN REDES nadie alcanza el éxito por sí solo. Siempre se trata de un esfuerzo en equipo. Lo mismo ocurre cuando se trata de escribir un libro. Y es por esta razón que estoy tan agradecido con el equipo de colaboradores que me ha facilitado la realización de esta obra.

Rosetta Little, quizá nos separen 3.000 millas, pero has participado en cada aspecto de este escrito. Tu constante ánimo respecto a la importancia que tiene el hecho de desarrollar este trabajo me mantuvo en marcha cuando estuve "perdido en la niebla".

Joel Goins, Dr. Bryan Grimmer, Frank y Danny Leonard, Jeff LeSourd y Simon Warner, todos ellos son empresarios. En muchas ocasiones, me desvié de la visión que ellos tenían en cuanto a la realización de este libro. Es mi honor estar en esta maravillosa industria con ustedes y llamarlos mis amigos.

Dr. Ron y Mary Seeley, como ya lo han hecho, ustedes dos saben lo que se necesita para escribir un libro. Gracias por apoyarme en esta empresa. Su amistad una vez más me ha sostenido.

Hassell Wright, como editor, tu amor por la escritura ha hecho de esta una obra mucho mejor. Y tu capacidad para reír hizo que la ardua tarea de revisar el manuscrito fuera mucho más agradable.

Lindsay Barret, gracias por ayudar con tanta paciencia a tu padre, con soporte técnico y diseño en computación. Me asombran tus habilidades con las computadoras.

Stephanie Barret, gracias por mostrarle a tu padre cómo hacer una "red de relato". Cada vez que me sentaba a escribir, miraba tu gráfica.

Linda Barrett, tus huellas están por todas partes en este libro. Y al igual que mi vida, es mejor gracias a ti. Gracias por tu infinito amor y por tu ánimo a lo largo de este proyecto.

A todos los que integran mi equipo, gracias por el privilegio de soñar y trabajar con ustedes. Sigamos ganando juntos.

INTRODUCCIÓN

COMO INDUSTRIA, el mercadeo en red está aquí para quedarse. En Wall Street, en las salas de juntas de las corporaciones y en la comunidad de negocios en general, el mercadeo en red es cada vez más reconocido como un medio principal de operaciones de negocios. Como un todo, estos grupos se han tardado en adoptarlo. Pero en el clima de negocios actual se reconoce este tipo de mercadeo como una excelente estrategia para llevarle bienes y servicios al usuario final, el cliente. Ellos saben que, cuando se trata de mercadeo, las redes son muy eficientes, efectivas y rentables.

Valga decir que estos grupos no son los únicos que se tardaron en aceptar el mercadeo en red como un concepto de comercialización legítimo e inteligente. Por años, muchas personas han escuchado del mercadeo en red (o mercadeo multinivel) y nunca lo han tomado en serio.

Yo fui una de ellas. Durante una época, estuve expuesto a varias compañías de mercadeo en red, rechazando de inmediato sus propuestas. Siempre que escuchaba que otra empresa estaba usando esta estrategia de mercadeo yo asumía que no era más que otra variación de un antiguo esquema de pirámide. A mi parecer, solo un tonto se involucraría con el mercadeo en red.

Sin embargo, después de conocer a muchos emprendedores cuyas vidas y finanzas habían tenido un maravilloso cambio gracias a su vinculación con el mercadeo en red, decidí examinar esta industria muy en serio. Quise entender por qué ellos tenían una motivación tan alta y vivían tan emocionados. Al finalizar mi investigación, mi mentalidad había un movimiento de 180 grados. Concluí que sería tonto no involucrarme en la industria. Elegí una compañía, me vinculé de lleno y comencé. Esa fue la decisión de negocios más sabia que he tomado en la vida.

En los próximos años, el mercadeo en red seguirá atrayendo cantidades incalculables de personas y este fenómeno se dará por dos razones:

1. Grandes cambios han comenzado a transformar la industria del mercadeo en red. Todos estos son cambios positivos. El mercadeo en red ha alcanzado nuevos niveles de:

- ❖ Integridad

- ❖ Profesionalismo

- ❖ Aceptación general

- ❖ Rentabilidad para los participantes

- ❖ Sofisticación tecnológica.

- ❖ Entrenamiento y soporte

2. Grandes cambios han transformado a la fuerza laboral tradicional. Los avances tecnológicos y las realidades económicas han creado cambios masivos y permanentes dentro de múltiples segmentos del mundo laboral moderno. Las "reglas del juego" han cambiado para cualquiera que esté involucrado en el entorno jurídico, médico, de cuidado general de la salud, en las ventas, en el mundo de las computadoras, en las pequeñas empresas y en infinidad de otros campos.

En la arena corporativa, las secuelas de las reducciones requieren que menor cantidad de trabajadores produzcan mayores volúmenes de trabajo en periodos más cortos y con menos recursos. En los niveles superiores de la escala corporativa, la ley de oferta y demanda es una realidad diaria. El suministro de aspirantes compitiendo para las posiciones más altas supera la cantidad de cargos disponibles.

Para muchos, la vida en el mundo corporativo se ha convertido en el típico juego de las sillas musicales. Mientras la música suena, todos se mantienen en movimiento. Pero todos saben que la música se detendrá en cualquier momento. En consecuencia, cada uno subsiste con el temor silencioso y latente de ser el que se quedará sin silla para sentarse cuando la música se detenga.

El resultado de estos cambios es obvio. Muchos en el mundo laboral de hoy concluyen que:

- ❖ Las exigencias de tiempo son muchas

- ❖ El estrés es muy alto

- ❖ El potencial de libertad (de tiempo y dinero) es muy bajo

- ❖ La esperanza de seguridad laboral ya no existe

- ❖ Las remuneraciones son mínimas

Estos cambios en el entorno laboral tradicional, junto con los cambios positivos del mercadeo en red, son los que crean el flujo de ingreso de nuevos participantes a esta industria.

Si eres alguien nuevo en el mercadeo en red, permíteme darte la bienvenida a este maravilloso mundo. Espero que esta lectura aumente tu curva de aprendizaje, expanda tu visión, reafirme tu decisión y aumente tus probabilidades de éxito. He incluido mucha de la información que quisiera haber escuchado o entendido cuando comencé con mi negocio.

Para los veteranos del network marketing, este libro les permitirá enseñar mucho de lo que ya ustedes saben a quienes integran su red. También encontrarán bastantes cosas nuevas o que raras veces se mencionan en el mercadeo en red.

Por sencillez, he escogido usar el término "mercadeo en red" o "network marketing" a lo largo del libro, aunque el término "mercadeo multinivel" suele ser igual de apropiado. Así mismo, he elegido el término "rep" o "representante" para identificar a los participantes en este tipo de mercadeo. Si tú o tu organización usan la palabra "distribuidor" en lugar de "representante", por favor, ten presente que en este término también incluyó ese significado.

Lo cierto es que, si eres nuevo en este campo o alguien con experiencia en él, mi deseo es que este libro te ayude en el desarrollo y crecimiento de tu negocio.

El mercadeo en red es el lugar ideal para todos aquellos emprendedores especiales que se atreven a soñar y trabajan para ganar. Que este libro te ayude a hacer ambas cosas.

—Tom Barrett, Ph.D.

PARTE UNO

Cimientos para el éxito

CAPÍTULO
UNO

MIRANDO A TRAVÉS
DE LA NIEBLA

L ONDRES, INGLATERRA, es conocida como la ciudad de la "espesa niebla". Es tan densa que impide la visión, ahoga los sonidos y afecta el progreso de quienes están envueltos en ella. Para muchos de nosotros, el mercadeo en red podría ser considerado como la industria de la espesa niebla. Desde cierta distancia, la gente ve bien que el mercadeo en red (o el mercadeo multinivel) es un mundo brillante y emocionante que mejora la visión y eleva el espíritu. Es un mundo que recibe con los brazos abiertos a todos los que llegan a él, y una vez están ahí, es para soñar tan grande como se atrevan, trabajar más de lo que jamás han trabajado y adquirir la libertad e independencia que nunca creyeron posible. Es un gran sitio para vivir y trabajar.

Para muchos participantes en este tipo de mercadeo, esta industria, que desde cierta distancia parece tan brillante y atractiva, queda envuelta en una niebla después de entrar a ella. Es fácil perder tu visión, no escuchar lo que otros te dicen y ver que tu progreso ocurre como si estuvieras gateando.

Es posible que conozcas esta niebla tan bien como yo. Y quiero decirte que yo también me perdí en ella. Pasé mi primer año perdido en la neblina del mercadeo en red. Sabía que este era un negocio en el que una persona promedio podía triunfar si tenía un deseo por encima del promedio. Ya había conocido a muchas personas comunes y corrientes trabajando en este campo y estaban ganando extraordinarias sumas de dinero. Pero el network marketing no me atraía. Sin embargo, el crecimiento de mi propia empresa parecía modesto y muy dentro del promedio. De hecho, me parecía lento. Muy lento. Pero, perdido en la neblina, no podía entender por qué. El caso es que estaba desarrollando el negocio tan bien como sabía hacerlo.

Lo único que me hacía seguir era mi inquebrantable convicción de que la fusión del mercadeo en red con compañías de alta calidad era una combinación ganadora para la compañía, los clientes y los representantes o distribuidores. Pero seguía esperando que esta convicción se tradujera en experiencia personal. No quería saber más de otras personas dentro del mercadeo en red que estuvieran ganando grandes sumas de dinero. Para mí, las historias de éxito de los demás se estaban convirtiendo en espadas de dos filos, pues me motivaban y me frustraban al mismo tiempo. Lo que yo quería era mi propio éxito. Sentía que había algo que no estaba entendiendo o haciendo. Algo faltaba. Pero, debido a que nunca había estado en el mercadeo en red, no tenía ni idea de lo que podía ser. No lograba ver a través de la neblina y hasta que esta se deshizo no había mucho que pudiera hacer, sino seguir trabajando en el negocio, haciendo lo mejor que podía.

*"Desarrollarás tu negocio trabajando de tiempo
completo, de tiempo parcial, pero nunca
en tu tiempo libre".*

Tiempo después, la neblina comenzó a levantarse. Ya no solo estaba mirando. Comencé a observar. Había sobrevivido a la curva de aprendizaje del mercadeo en red y supe que mi negocio prosperaría porque había comenzado a entender e implementar algunos de los conceptos esenciales con respecto a desarrollar un negocio grande y exitoso de mercadeo en red y el hecho de conocerlos me permitió establecerme en este emprendimiento con vigor, paciencia y seguridad.

Cuando la neblina se deshizo, surgieron tres principios fundamentales que se requieren para trabajar en el network marketing. Muchos en el mercadeo en red nunca los han escuchado. Algunos sí los escuchamos, pero no les prestamos atención porque los vimos como simples sugerencias, clichés o ideas al azar. En consecuencia, se ha perdido la importancia de estos conceptos como principios fundamentales. Como la mayoría de "ideas simples", hay una gran cantidad de buenas perspectivas enterradas entre ellos. Los tres principios fundamentales del mercadeo en red son:

1. Esfuerzo consistente

2. Duplicación

3. Dedicarle el tiempo suficiente

Exploremos estos principios a la vez. Parecen inofensivos, pero son imperativos para tener una concentración sostenida y éxito en nuestros negocios de mercadeo en red.

Principio # 1:
Esfuerzo consistente

Imagínate a alguien intentando perder veinte libras y deseando obtener una excelente figura física. Ahora imagínate que esta persona intenta elegir entre dos estrategias. Una es comer con moderación y hacer ejercicio a diario.

La otra estrategia le permite comer lo que desee cada día y no tendrá que hacer ejercicio. Pero cada séptimo día deberá abstenerse de comer, correr cinco millas y levantar pesas durante dos horas. ¿Cuál estrategia le recomendarías? O imagínate que alguien desea llegar a ser un músico exitoso. ¿Le recomendarías practicar durante 30 minutos al día? ¿O tres horas un día a la semana?

La respuesta a estas preguntas es obvia. El principio del esfuerzo consistente no es difícil de comprender como concepto general en la vida. La dificultad está en su ejecución. Para quienes esperamos tener éxito en el mercadeo en red, este concepto general se debe aplicar específicamente al desarrollo de nuestro negocio.

Si somos serios respecto al crecimiento, debemos estar dispuestos a darle a nuestro negocio trozos de tiempo de manera consistente. El tamaño de las asignaciones de tiempo puede variar según nuestras metas y otros factores de vida. Pero sin tiempo regular y consistente invertido a diario en nuestro negocio es poco probable que este crezca. Este tiempo consistente es necesario, así la meta sea generar $300, $3.000 o $300.000 dólares por mes. Las siguientes son unas ideas prácticas y de tipo sicológico a tener presentes cuando busquemos hacer un esfuerzo consistente.

La disciplina es el precio del éxito

El éxito, la grandeza y el carácter no se presentan en un gran momento. Se afilan y forjan en medio de la quietud y en los mo-

mentos oscuros de cada día. Vienen de hacer muchas cosas pequeñas, aburridoras y aparentemente irrelevantes, una a la vez. El éxito
es el efecto silencioso y acumulativo de todo esto. En el mercadeo
en red, eso significa una llamada telefónica de más de dos minutos
para preguntar si alguien está interesado; un desayuno más u otra
taza de café con algún prospecto para hacerle la presentación de
negocios; significa un fax más, un seguimiento, un entrenamiento
etc. Como eventos independientes, apenas valen la pena. Pero en
colectivo, generan concentración, cultivan el carácter, aumentan
el conjunto de habilidades y desarrollan un equipo de ganadores
con la misma mentalidad.

Desarrollarás tu negocio trabajando a tiempo completo o a tiempo parcial, pero nunca en tu tiempo libre

La razón de este principio es sencilla. Ninguno de nosotros tiene tiempo libre. Ya usábamos veinticuatro horas por día mucho
antes de conocer el mercadeo en red. Y así seguiremos. La única
forma en que tendremos tiempo para dedicárselo a nuestro negocio es separando ese tiempo. El mercadeo en red es un negocio de
inconveniencia. Nadie está por ahí con vacíos en sus horarios, a la
espera de llenarlos.

Desarrolla tu empresa en medio de los "rincones y recovecos"

¿Recuerdas los viejos comerciales de los pastelillos Thomas'
English Moffings? Ellos solían referirse a los "rincones y recovecos" de sus pastelillos. Yo les recomiendo a los representantes de
ventas que desarrollen sus negocios en los rincones y recovecos de
su vida diaria. Así es como desarrollé la mayor parte del mío. En
mi práctica privada, tengo diez minutos libres entre clientes. Ese

es un rincón, o si lo prefieres, recoveco. Muchas de mis citas para mi negocio de mercadeo en red las hago durante ese tiempo libre entre citas con clientes. (Por cierto, cuando llamas a alguien, y esa persona sabe que solo tienes uno o dos minutos, ella no espera que le des muchos detalles por teléfono. Simplemente, te permite ir directo al grano, hacer una cita y colgar). Además, muchas de mis citas las hago mientras voy conduciendo en el auto desde mi oficina a Capitol Hill. (Y de nuevo, cuando hablo desde el teléfono mientras conduzco, nadie espera tener una conversación extensa conmigo).

¿Cuáles son los rincones y recovecos de tu vida? ¿Cuándo suceden? ¿Cuánto tiempo duran? ¿Qué partes de tus días llenas con conversaciones simples y actividades insignificantes cuando podrías estar desarrollando tu negocio? ¿Qué haces que puede ser placentero por un momento, pero que a la larga no es productivo? ¿Podrías dedicar ese tiempo para hacer crecer tu empresa, alcanzar tu meta y cambiar tu vida? Todos tenemos rincones y recovecos en medio de nuestra vida diaria. La diferencia entre los ganadores de los que solo desean estar en el mercadeo en red está en la manera como cada uno de ellos usa esos tiempos. La siguiente expresión es muy cierta: "Cuando alguien dice que no tiene tiempo para algo, en realidad no ha afirmado un hecho. Solo ha establecido una prioridad".

"Cuando alguien dice que no tiene tiempo para algo, en realidad no ha afirmado un hecho. Solo ha establecido una prioridad".

En el mercadeo en red, un caballo de carga es mejor que uno de carreras

Los representantes cometen dos errores comunes en este negocio. Piensan que necesitan ser más un caballo de carreras que sea muy rápido para así "romper esto". O creen que necesitan encontrar un caballo de carreras que se convierta en la próxima superestrella de su compañía. Yo ya no quiero ser un caballo de carreras, ni tampoco quiero buscar caballos de carreras. He visto muchos de ellos. Quizá luzcan muy buenos en el establo, en la casilla de partida y corriendo en una pista de media milla. Pero no tienen la resistencia para nada diferente a una carrera corta. El éxito en el mercadeo de red no se trata de ser un caballo de carreras. Consiste en ser un caballo de carga.

Un caballo de carga no te impresionará con su velocidad o apariencia. Pero te asombrará con su fortaleza, paciencia y resistencia. Como el conejo de Energizer, sigue avanzando y haciendo. Eso es lo que se necesita para desarrollar cualquier negocio. Y desarrollar un negocio de mercadeo en red no es la excepción. Requiere de esfuerzo consistente. De concentración constante. Cuando escuches a triunfadores que están ganando grandes cantidades de dinero a través de su negocio de mercadeo en red, verás que lo hacen no porque sean caballos de carrera muy rápidos, sino porque son caballos de carga, personas que se atrevieron a soñar y se propusieron ir tras sus sueños un momento, una llamada, una cita y una reunión a la vez. Rincón y recoveco tras rincón y recoveco. Y ni sus estados de ánimo, ni sus motivaciones, ni el clima, ni la programación en televisión determinaban lo que debían hacer. Ellos mezclaron su sueño con su determinación. Establecieron metas y luego se dispusieron a alcanzarlas. Haciendo un poco cada día. Manteniendo la concentración. Siendo consistentes en sus esfuerzos. De modo que hoy los respetamos como héroes. Y lo son. Aplicaron un concepto sencillo de entender y difícil de implementar: el esfuerzo consistente.

Principio # 2: Duplicación

Duplicación. Este principio fue elusivo para mí durante el primer año de mercadeo en red. No me oponía a él. Lo entendía como concepto general, como el proceso que ocurre en la división celular simple. Y, como muchos otros, citaba al primer billonario de los Estados Unidos, J. Paul Getty, quien dijo: "Prefiero tener un 1% de los esfuerzos de 100 hombres trabajando para mí, que el 100% de mis esfuerzos". Pero la verdad vital detrás de este principio no se hizo real en mi vida hasta cuando comencé a frustrarme y cansarme por el lento crecimiento de mi organización. Pensaba que "la responsabilidad era solo mía". Literalmente. No sabía cómo generar duplicación constante en mi equipo. Y mientras no aprendiera eso, iba a seguir estancado y generando solo unos pocos miles de dólares por mes. Yo sabía que ese era muy poco dinero en comparación con todo el que hay disponible.

Fue entonces cuando decidí comenzar a estudiar a los empresarios que estaban desarrollando grandes equipos y observé que había un común denominador entre ellos: duplicación. Todos usaban un método sencillo y sistemático para hacer crecer sus equipos de trabajo. Esa realidad irrefutable me hizo entender que la genialidad de su éxito yace en su simplicidad porque lo simple se puede duplicar.

"Desarrolla tu empresa en los rincones y recovecos de tu vida"

El hecho de entender el poder matemático de la duplicación es atrayente. Y así debería ser. No es un concepto que funciona en la teoría mas no en la realidad práctica. Por el contrario, la duplicación es mucho más alcanzable de lo que muchas gentes creen. ¡Si tan solo supieran CÓMO crearla en un comienzo y luego mantenerla!

Supongamos que este es tu primer mes en tu negocio de mercadeo en red. ¿Qué sucedería si, como representante, durante el primer mes lograras inscribir a otro representante? Y al mes siguiente, los dos hacen lo mismo. ¿Qué sucedería si repitieras consistentemente este proceso durante doce meses, logrando que cada representante que se inscriba contigo reclute solo otro más al mes? Los números hablan por sí solos.

El poder matemático de la duplicación simple		
Mes 1:	Tú + 1 = 2	Mes 7: 64 + 64 = 128
Mes 2:	2 + 2 = 4	Mes 8: 128 + 128 = 256
Mes 3:	4 + 4 = 8	Mes 9: 256 + 256 = 512
Mes 4:	8 + 8 = 16	Mes 10: 512 + 512 = 1024
Mes 5:	16 + 16 = 32	Mes 11: 1024 + 1024 = 2048
Mes 6:	32 + 32 = 64	Mes 12: 2048 + 2048 = 4096

Piensa lo que sería patrocinar a una sola persona por mes capacitándola para que ella haga lo mismo y al final de doce meses llegues a tener más de cuatro mil representantes en tu organización. Muchos suelen tener dos reacciones al ver estos números. La primera es de asombro. Les sorprende ver el poder del crecimiento exponencial ante sus ojos. Es como un interés compuesto donde el valor del dinero comienza y termina en puntos muy diferentes. La segunda reacción es comenzar a dudar de que algo así puede sucederles en su empresa. Así que, tal como muchos hacen con respecto a los intereses compuestos, también ignoran el práctico y transformador poder de este concepto de duplicación.

Quienes respetan el poder del crecimiento exponencial se dan cuenta de que este les permitirá aprovechar dos de los bienes más importantes en la vida: tiempo y dinero. Es así como comienzan a buscar qué hacer para que este concepto matemático se aproxime a la realidad del crecimiento de su propia organización. Es más probable que este crecimiento exponencial, junto con sus consecuencias transformadoras, se dé cuando los representantes entienden que hay una infraestructura invisible en los equipos exitosos de mercadeo en red.

¿Cómo funciona de verdad "esto"?

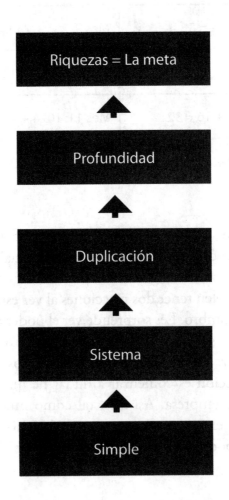

¿Alguna vez te has preguntado cómo se logra obtener riquezas mediante el mercadeo en red? ¿Te preguntas cómo funciona? Para mí, como investigador y analista de negocios, es importante entender cómo y por qué funcionan las cosas. La siguiente es mi opinión sobre la infraestructura invisible que mantiene unidos a los grandes y exitosos equipos de mercadeo en red. Esta infraestructura, cuando se desarrolla con el paso del tiempo, es la que genera riquezas.

La infraestructura invisible que crea riquezas en el mercadeo de red

Miremos cómo se ajustan el progreso y la lógica de esta estructura. Al comienzo, el mercadeo en red debe mantenerse sencillo. En su forma más pura, solo consiste en reunir compradores de nuestros productos o servicios y otros representantes (o recaudadores de compradores). En esencia, eso es lo que hacemos. Los veteranos a veces olvidan que esto no es tan "sencillo" como parece. Tener un sistema es lo que nos permite darles instrucciones y respaldo a los nuevos participantes. Un sistema, o "rieles sobre los cuales correr", les permite duplicar con otros precisamente lo que han visto en nuestro ejemplo. Con el tiempo, esta dinámica resulta en grandes cantidades de personas que salen y consiguen algunos clientes adicionales y "generadores de compradores". Esto es lo que crea profundidad en una organización. Una profundidad constante arroja riqueza. Examinemos de manera breve cada componente de esta infraestructura.

Simpleza

Simpleza. Es la piedra angular sobre la que se edifica todo lo demás. Es el punto de partida. Significa lo que muchos de los líderes en la industria dicen una y otra vez: "Mantén tu negocio descomplicado. Básico. Divertido". Este consejo implica una gran genialidad.

Avergonzados por la simpleza

Pero muchos recién llegados al mercadeo en red, en especial quienes trabajamos a nivel profesional, desechamos este principio. Perdemos la genialidad de la simpleza. Para nosotros, lo sencillo se ve... pues... muy simple. No es tan sofisticado. Carece de clase. No es profesional. No tiene brillo. No es glamuroso. Así que nos involucramos y con disimulo nos decimos a nosotros mismos que haremos esto llamado mercadeo en red, pero lo mejoraremos para no sentirnos avergonzados. Llevaremos a nuestra compañía y al network marketing a un nivel más alto. La elevaremos a nuestros estándares profesionales en lugar de rebajarnos a una simpleza tan común.

Así que, teniendo poca perspicacia para los negocios, nos involucramos. Y con una gran dosis de arrogancia profesional (que en realidad es un eufemismo para la ignorancia profesional) aceptamos afiliarnos al campo del mercadeo en red. Pero en el fondo, nos sentimos ansiosos por vestirlo bien, limpiarlo y hacerlo más impresionante. Con esto, hacemos dos cosas: demostramos nuestra ignorancia y eliminamos cualquier oportunidad de generar riqueza. Esta solo se consigue si mantenemos todo tan sencillo de modo que sea totalmente duplicable. Quienes hagan esto, llegaran a ser ricos. Quienes no lo hagan, no lo serán.

Sistema

En el mercadeo en red, el sistema es un medio para enseñarles a los demás una dinámica sencilla y metódica para desarrollar una empresa. Es darles rieles sobre los que ellos puedan correr. Un mapa a seguir. Algo de dirección para que sepan qué hacer en el siguiente paso y cómo hacerlo. Les ayuda a concentrar con eficacia su energía y motivación sobre tres elementos esenciales que ejecutamos en este tipo de mercadeo: reunir algunos representantes y enseñarles a duplicar de manera sistemática el mismo proceso una y otra vez.

Quienes no se conectan al sistema

Joel Goins es uno de los mejores entrenadores del network marketing. Él tiene mejores perspectivas e instintos que ningún otro entrenador que yo haya conocido cuando se trata de entender a las personas y el mercadeo en red. De muchas formas, él es mi mentor en esta industria. Una y otra vez, él ha afirmado que "las personas deben conectarse al sistema". Cuando lo escuché decirlo por primera vez, no objeté. Yo asentía, entendía un poco lo que decía y seguía adelante. Sin embargo, no lograba entender que él estaba tratando de comunicarme uno de los aspectos principales del negocio. Ignoraba por completo que fortunas reales se ganan o se pierden en este punto.

Con el tiempo, comprendí que, sin un sistema a seguir, muchos representantes que se unen al network marketing, son como una poderosa locomotora sin carrilera sobre la cual desplazarse. Se atascan y no van a ninguna parte. Comienzan con una maravillosa visión y muy motivados, pero como carecen de un método sistemático para hacer crecer un equipo y crear ingresos, se desaniman hasta sentir cómo su energía y entusiasmo se disipan. Suelen asumir que algo les hace falta y les está impidiendo el éxito cuando, en realidad, lo único que no tienen es un método sistemático para desarrollar sus empresas.

Duplicación y profundidad

La profundidad se crea cuando los representantes inscriben nuevos representantes y los ayudan a salir e inscribir a otros, quienes a su vez salen a hacer lo mismo. Mientras este proceso de duplicación se haga de manera más exitosa, más profundidad creará, lo cual a su vez traerá riqueza. Pensando en términos generacionales o genealógicos, cuando alguien patrocina a un nuevo representante, es como si fuera un padre que acaba de dar a luz a un hijo, a la siguiente generación. Cuando este hijo tiene hijos, los padres originales ahora tienen nietos. La profundidad se presenta cuando los representantes (los padres) comienzan a ver a su descendencia generar hijos y bisnietos, etc. No lograrás profundidad mientras tu descendencia no comience a "reproducirse como conejos". Es una figura algo así como esta:

Tú (el padre)
El representante que tú personalmente patrocinaste (tu hijo)
El representante que él personalmente patrocinó (tu nieto)
El representante que aquél personalmente patrocinó (tu bisnieto)

Siempre es gratificante escuchar cuando un representante patrocina a otro representante. Pero que alguien inscriba a otro representante no nos dice mucho. Es hora de emocionarte cuando un representante que has patrocinado ya tiene sus propios bisnietos. Ya estás en algo real. Esta profundidad generacional es la señal de vida y energía en tu organización. Es muestra de que hay más personas llegando a tu organización, de que están bien entrenadas y cuentan con buen apoyo, y luego están saliendo a repetir el mismo proceso. Ese movimiento es el que genera riqueza.

Uniendo los puntos

La duplicación y la profundidad se crean cuando te concentras en un método sencillo y sistemático para desarrollar un equipo. Y comienzas a alcanzar riqueza cuando estas dos características se empiezan a hacer realidad. (Observa la paradoja: la riqueza no se puede alcanzar en el mercadeo en red cuando solo nos concentramos en ella. Pero si nos concentramos en duplicar, en ayudarles a otros a que triunfen y a establecer un sistema que mejore las probabilidades para el éxito de los demás, entonces, casi de manera inadvertida, alcanzaremos nuestra propia meta de riqueza. A veces, damos en el blanco al apuntar en la dirección opuesta).

Principio # 3: Dedicarle el tiempo suficiente

¿Cuándo fue la última vez que intentaste hacer un trabajo de reparación sencillo en casa o en tu auto y que la tarea parecía sencilla y alcanzable? Calculaste cuánto tiempo, energía y dinero requeriría el arreglo. (Claro que al final solemos descubrir que estos "proyectos simples" son más grandes de lo esperado y que nuestros cálculos iniciales no fueron acertados).

Desarrollar una empresa grande de mercadeo en red es algo similar. La tarea es mayor de lo que imaginamos. (Por fortuna, también lo es el retorno de nuestra inversión). El tercer principio es el que nos recuerda que necesitamos ser pacientes. Establécete, analiza con detenimiento y persiste en la tarea. Recuerda darle a tu éxito el suficiente tiempo para que ocurra.

Este principio, como el primero de esfuerzo consistente, no es difícil de entender. Sin embargo, nunca he estado en una industria en la que las personas tengan expectativas más alteradas y una distorsión de tiempo tan grave como en el mercadeo en red. En ocasiones, hay muy poco realismo. Por eso, espero infundírtelo a lo largo de este libro. El realismo no desanima a los soñadores, sino que los libera. Les permite establecerse a largo y mediano plazo.

Sin una dosis de realismo, los emprendedores comienzan con expectativas falsas. Y cuando su negocio crece más lento de lo esperado, muchos concluyen que su empresa no funciona o que el mercadeo en red no les va a funcionar a ellos. La primera conclusión es general respecto a la industria del mercadeo en red como un todo. La otra es una conclusión específica respecto a ellos mismos... que ellos no tienen la capacidad de tener éxito en este tipo de emprendimiento. El hecho es que, en ambos casos, sus conclusiones erradas los llevan a renunciar a desarrollar su negocio. A veces, esta es una renuncia formal, pero la mayoría de veces, es muerte por negligencia. Sencillamente, porque no se esfuerzan en alimentar y hacer crecer su empresa, sino que dejan que esta languidezca hasta que sea hora de pagar algún gasto de operación. Luego, deciden desconectarlo todo.

Sé paciente

El resto de este libro te ayudará a entender por qué debemos "darle suficiente tiempo" a nuestro negocio de mercadeo en red. Se requiere de tiempo, de periodos importantes de tiempo para desarrollar una empresa de mercadeo en red con las características de profundidad y duplicación. Para iniciar a un nuevo representante se requiere tiempo, así como para alcanzar las posiciones de liderazgo disponibles. También se requiere de tiempo para pasar de la meta de riqueza a entender los medios para alcanzar esa meta. Toma tiempo entender la invisible curva de aprendizaje y las habilidades necesarias para realizar este trabajo.

Además, cada emprendedor llega a su negocio de mercadeo en red con una curva de aprendizaje propia. Puede implicar el hecho de aprender cómo funciona el mercadeo en red; también puede tratarse de aprender a confiar en sí mismo como líder o servidor de otros; o puede tomarle tiempo entender de verdad las dimensiones reales de esta industria y que se trata de la mejor invitación que le hayan hecho en la vida. Cualquiera que sea la curva de aprendizaje de un representante, él o ella necesita más tiempo del esperado para recorrerla. Es importante enfrentar esta realidad y luego seguir avanzando.

Este principio de "darle suficiente tiempo" al network marketing suele ser sugerido como un periodo de tiempo específico. Por lo general, termina significando el tiempo entre el momento cuando nos unimos como representantes hasta cuando nuestro negocio está generando ingresos significativos. Yo estoy de acuerdo con esta medida de tiempo.

Dale suficiente tiempo cada día y cada semana

Pero miremos desde otra perspectiva esta idea de "darle suficiente tiempo". *Si nuestro negocio va a tener un crecimiento significativo a lo largo del tiempo, debemos darle suficiente tiempo todos los días y cada semana.* Si no lo hacemos, es poco probable que nuestra empresa crezca, sin importar la cantidad de meses o años que tengamos como representantes registrados.

Cuando interactúo con otros empresarios involucrados en mercadeo en red, no me interesa tanto cuánto tiempo ellos han estado como representantes con su compañía, como cuántas horas ha registrado trabajando para desarrollar su negocio. Inscribirse como representante no significa nada. En cambio, trabajar para desarrollar el negocio lo significa todo.

Mide el tiempo como los pilotos

En una industria como la del mercadeo en red, donde todos son representantes independientes, sería interesante si llevásemos un registro del tiempo como lo hacen los pilotos. Cuando ellos quieren cerciorarse de cuánto tiempo o qué tan serio es alguien como piloto, no le preguntan: "¿Por cuánto tiempo has estado volando?", ni "¿Desde cuándo eres piloto?". A ellos no les interesa cuándo alguien se interesó en volar, ni a cuántas clases y seminarios ha asistido, ni cuánto sabe de la física de vuelo, ni qué tan bien ha estudiado los manuales de aviación. Y en realidad, tampoco les importa cuándo esa persona se registró para tomar clases de vuelo. Los pilotos solo quieren saber una cosa: "¿Cuántas horas has acumulado volando?" Ellos solo necesitan saber cuántas horas has estado sentado en la cabina del piloto volando un avión. La respuesta lo dice todo. Hay una gran diferencia entre un piloto que ha volado 15 horas y otro que ha registrado ¡15 mil horas!

En el network marketing solo hay una cosa que cuenta como horas o tiempo de vuelo registrado: hacerle tu presentación de negocios a alguien. Punto. Eso es todo. Este es un negocio de persona a persona, cara a cara. Y si no estamos haciendo la presentación de negocios frente a otros, entonces no estamos registrando horas de vuelo. Podemos parecer pilotos, quizá leamos publicaciones mensuales para pilotos, veamos videos, vayamos a seminarios y a reuniones semanales de pilotos. Pero nada de eso cuenta como horas de vuelo. En realidad, no vamos hacia ninguna parte. Es solo una actuación para hacer creer algo que no somos.

Quizás es por eso que Rosetta Little, una de las empresarias con mayores ingresos en el mercadeo de red, y una de mis heroínas, dice: "El que más presentaciones de negocios haga, gana". Ella sabe que un equipo grande no crece de otra forma.

Las expectativas realistas y las falsas presiones

Si aprendemos a pensar como pilotos en términos de "horas registradas", este concepto les traerá mucho más realismo a las expectativas de algunos representantes. Y además, reducirá muchas falsas presiones que otros tienen.

Piensa en los miles de afiliados a compañías de mercadeo en red que en realidad solo tienen de tres a cuatro horas semanales para desarrollar sus negocios. Ellos de verdad están ocupados con otras prioridades en su vida. A menudo, se comparan a sí mismos con alguien que lleva la misma cantidad de tiempo como representante, pero que tiene muchas horas más para dedicarle a su negocio cada semana. Esta es una comparación injusta y solo hace que el representante que desarrolla su negocio trabajando a tiempo parcial sienta que fracasa aunque esté haciendo un muy buen trabajo. Es mucho más realista evaluar la tasa de crecimiento de una empresa por el número de horas registradas, pues libera al representante de seguir el curso de la falsa comparación.

"El éxito no consiste en ser un caballo de carreras, sino un caballo de carga".

Por otro lado, existen representantes del network marketing que viven con expectativas muy osadas. Creen que lo único que deben hacer para tener riquezas es firmar un formulario, trabajar un poco y esperar. A ellos les ayudaría más olvidar cuándo firmaron su afiliación a una compañía. Se harían un gran favor al hacerse solo una pregunta: "¿Cuántas horas de vuelo he registrado en mi empresa?" Muchos de ellos se sorprenderían al descubrir que solo han registrado unas pocas horas de vuelo ¡durante un largo tiempo! Y aun así se preguntan por qué su negocio "no está despegando". *Si no estás registrando de manera constante, crecientes*

cantidades de tiempo de vuelo, entonces no tiene sentido que te desa-
nimes cuando tu negocio no está alcanzando un punto de despegue.
Una cosa no sucederá sin la otra.

Una lista de verificación de realidad

Estos tres principios de mercadeo de red (esfuerzo consistente, duplicación y darle suficiente tiempo al negocio para que despegue) te permiten hacer preguntas que dan una lista de verificación de realidad. ¿Estás haciendo un esfuerzo consistente en tu negocio? ¿O es un esfuerzo esporádico y como salga? ¿Estás viendo duplicación en tu negocio? ¿Sabes qué es "duplicación" en mercadeo de red? ¿Ves por qué es de vital importancia? ¿Sabes cómo crear y sostener la duplicación? Y, por último, ¿tienes unas expectativas financieras realistas? ¿Has acumulado muchas horas de vuelo? ¿Cuántas? ¿Qué te impide registrar más horas? ¿Es tiempo, habilidades, temor, estancamiento o algo más? Si crees que esta oportunidad es real, ¿qué te impide aprovecharla dando lo mejor de ti?

Mientras esperas que la neblina se disuelva para que logres "ver" lo que estás haciendo en tu negocio, hay otros aspectos en los que podrías concentrarte. Están garantizados para mantenerte en curso incluso si sientes que estás volando a ciegas. El primero es reconocer que el éxito no es un accidente.

CAPÍTULO
DOS

EL ÉXITO NO ES UN ACCIDENTE

NO ESTOY SEGURO CUÁNDO o cómo, pero en algún punto a lo largo del camino se me convirtió en un hábito. Ahora, me ocurrre de manera inconsciente cada vez que salgo de casa. Hago una rápida revisión mental para asegurarme de no haber olvidado nada. Por lo general, paro por un momento y pienso: "Miremos, ¿tengo mi maleta, las llaves del auto, dinero, un horario...?" Es probable que tú también hagas algo similar.

Lo que me asombra son los millones de personas que salen de casa y recuerdan todas las cosas pequeñas e insignificantes que les permitirán avanzar a lo largo del día, pero olvidan la más importante, aquello que pone sus días en perspectiva: sus sueños.

Los sueños te permiten visualizar realidades futuras. Enriquecen tu vida, no dándote una esperanza falsa, sino una realista que genera energía, pasión y dirección. Aquellos que viven con la habilidad de ver un futuro basado en una realidad, lleno de esperanza y que se espera con ansias, son los más adinerados. Uno de los mayores privilegios de trabajar con gente que está involucrada en el mundo del mercadeo en red es que ellos son individuos con sueños. Para muchos, la cotidianidad también es un impulso que los lleva a hacer realidad sus sueños.

¿Por qué los sueños se hacen realidad para unos, pero para otros terminan relegados en la pila de desechos de viejos deseos que nunca se hicieron realidad? ¿Por qué el mercadeo en red se convierte en todo lo que algunas personas esperaban, mientras que para otros no funciona? Las respuestas están en las creencias, actitudes, perspectivas y habilidades de cada quien. El resto del libro tratará con estos cuatro elementos específicos. Además, hay unos puntos prácticos que determinan a fondo el éxito del representante del mercadeo en red. De manera modesta, son denominados "los cuatro ingredientes del éxito". Son de vital importancia y estoy agradecido con mi querido amigo, Joel Goins, por haber pensado en ellos por mí.

Sugiero que hagas que estos cuatro ingredientes del éxito sean el cimiento sobre el cual construyas tu compañía. Memorízalos. Conócelos muy bien. Luego vívelos y enséñalos. Sirven como anclas que atan a ti y a tu equipo a la realidad cuando el recorrido se hace difícil. Casi sin falta, cuando la gente tiene éxito en el mercadeo en red, es porque aplica esto ingredientes. Así mismo, cuando veo que hay quienes se salen de esta industria, sé que es porque no integraron estas sugerencias a los tejidos de sus negocios y, en consecuencia, sus sueños no se realizaron.

Los cuatro ingredientes del éxito

1. Determina qué es lo que deseas

2. Decide si estás dispuesto a reprogramarte o a renunciar a algo a fin de obtener lo que deseas

3. Asóciate con gente que te ayudará a obtener lo que deseas

4. Prepara un plan que funcione y ejecútalo

No te engañes con el hecho de que estos ingredientes no parezcan muy emocionantes porque, de hecho, son los que te mantendrán emocionado respecto a desarrollar tu empresa. En este capítulo consideraremos los primeros dos ingredientes del éxito.

Ingrediente #1:
Determina qué es lo que deseas

Dan O'Brien relata una historia de una ocasión en la que estuvo reunido con otros aspirantes a participar en los juegos Olímpicos un par de años antes de que estos se realizaran. Un ganador de decatlón estaba dirigiéndose a los atletas y les preguntó cuántos de ellos tenían metas específicas para hacer realidad sus sueños olímpicos. Todos levantaron la mano. Luego, les preguntó quienes tenían esas metas por escrito. Casi todos también levantaron la mano. Luego, les hizo una última pregunta: ¿quienes llevaban consigo sus metas escritas? Ninguno levantó la mano. Ni un solo atleta había llevado sus metas por escrito. A partir de ese momento, Dan O'Brien llevó con sigo sus metas todos los días y a todas partes. Y él llegó a ganar la medalla de oro del decatlón.

Sé muy claro respecto a lo que deseas obtener con tu negocio antes de decidir lo que vas a invertir en él. ¿Por qué es esto tan importante? Porque las metas generan concentración, energía y pasión. Fortalecen la voluntad. Le dan propósito a tu vida y se convierten en la brújula que te da dirección cuando te pierdes entre la neblina. Las metas te mantienen en curso cuando la tarea te parece demasiado grande, muy difícil y muy lejana. En cambio, cuando tus sueños y metas futuras son vívidos, es mucho más fácil saber cómo programar tu vida en el presente.

En cualquier emprendimiento importante para la vida habrá momentos en los que experimentarás fatiga, frustración y dudas. En esos momentos, eres muy consciente de lo que haces, de lo emocionante que es y aun así, crees que sería mucho más fácil renunciar. Con solo hacerlo eliminarías mucha incomodidad. Sin embargo, en esos momentos, cuando estés tentado a tomar la salida fácil, hazte esta pregunta: "¿Por qué estoy haciendo esto?" Esa es una buena pregunta, pero cuando te la hagas, más te vale tener una respuesta rápida, convincente e inequívoca.

Por esta razón, es más importante que sepas por qué estás haciendo esto, que cómo hacerlo. El por qué es lo que te hace seguir adelante mientras aprendes el cómo. Pregúntale a cualquier empresario qué es lo que lo motiva a seguir adelante cuando el negocio no se desenvuelve con la facilidad esperada. Solo hay una cosa que los hace continuar: la claridad de sus sueños. Ellos mantienen la mirada en el premio. Miran a largo plazo. No dejan que las circunstancias inmediatas les quiten sus sueños futuros. O, como Pablo Oberson (quien gana más de $1 millón mensual en esta industria), nos recuerda: "No dejes que los insectos en el parabrisas te impidan ver el horizonte". Es la convicción vívida y palpable sobre el futuro la que mantiene en marcha a los triunfadores cuando el presente no es nada placentero. Ellos han determinado qué es lo que desean. Y ahora no se van a negar eso. Decidir lo que quieren y por qué lo quieren genera lo que Bear Bryant denominó como la "tenacidad de bulldog". Un sueño claro hace dos cosas: crea perspectiva y perseverancia.

Mercadeo en red:
El vehículo utilitario por excelencia

¿Cuándo fue la última vez que saliste solo a sentarte en tu auto? No tenías a dónde ir, pero decidiste estar varias horas solo pasando el tiempo en tu auto estacionado. Supongo que probablemente has pasado mucho tiempo sin hacer eso. (A menos que una de tus razones para desarrollar una empresa haya sido comprar el auto de tus sueños, ¡y acabas de salir a comprarlo!) ¿Por qué no hacemos esto? Porque usamos nuestros autos para ir de un lugar a otro. Si no tenemos a dónde ir, o queremos permanecer donde estamos, entonces no tiene sentido subir a un auto.

Lo mismo sucede cuando se trata del negocio del network marketing. En términos de utilidad, no es más que un vehículo para llevarnos de un lugar en la vida a otro. Se ve como esto:

Punto "A"	Negocio de Mercadeo en Red	Punto "B"
Donde se encuentran las personas	➡	Donde las personas quieren estar

Un negocio de mercadeo en red es
un vehículo para el cambio

Las personas se involucran con el mercadeo en red cuando reconocen que es un excelente medio de transporte para crear movimiento en su vida. Y cuando tienen completa claridad respecto al momento en que se encuentran, por qué no quieren seguir ahí y a dónde quieren llegar, entonces ven el valor que tiene el hecho de involucrarse en esta industria. Ahora, el mercadeo en red tiene un propósito para ellas. Pero mientras no lo visualicen como un medio que genera movimiento, no tendrá ningún sentido involucrarse. Cuando hablo con la gente respecto a la industria, siempre digo: "Si no tienes un sueño, ni hay en ti un deseo genuino de ver cambios en las circunstancias de tu vida, entonces no te molestes en involucrarte con el mercadeo en red. Este es un negocio solo para los afortunados que todavía tienen sueños".

Así que, ¿por qué estás involucrado en el mercadeo en red? O ¿por qué estás considerando participar? ¿Qué quieres obtener de esto? ¿Qué haría que el esfuerzo valiera la pena? Te sugiero tomar tiempo ahora mismo para pensar en tus razones para afiliarte al network marketing. Haz que tus metas sean lo más específicas, vívidas y reales posibles. Escríbelas y luego haz varias copias.

Una copia es para que la lleves contigo todo el tiempo. De esta manera, siempre podrás responder tu propia pregunta cuando tú mismo te exijas saber "¿por qué estoy haciendo esto?" Una segunda copia es para dársela a quien te trajo al negocio. Cuando quieras deshacerte de él o ella, e ignorar sus sugerencias para mantener tu compromiso y desarrollar tu negocio, ellos sacarán tu lista de lo que deseas y amablemente te recordarán que hay algunas razones muy importantes, reales y personales que te llevaron a iniciarte en el mercadeo en red. Si las razones tuvieron la fuerza suficiente para llevarte a comenzar, también te mantendrán en marcha. Por último, dale la lista al ser más importante en tu vida. Por lo general, las personas no se involucran en el mercadeo en red por razones egoístas. Lo hacen pensando en sus seres queridos e importantes para ellos... su cónyuge, sus hijos, hermanos, padres, etc. Cuando se siente el dolor relacional de desarrollar un negocio, puede ser útil recordarse unos a otros los sueños que comparten y el deseo de cambiar el futuro mediante el trabajo duro de hoy.

Ingrediente # 2: Decide si estás dispuesto a reprogramar o a renunciar a algo a fin de obtener lo que deseas

¿Alguna vez has visto a un perro del campo persiguiendo cada automóvil que pasa? Espera desde el frente del jardín, identifica al auto que viene por el camino y salta a su encuentro. Luego, corre al lado tan rápido como puede mientras ladra con tanta rabia que el conductor se ve inclinado a conducir un poco más rápido y a esperar desde el fondo de su alma que el auto no se desarme. ¿Alguna vez te has preguntado qué haría ese perro si de verdad atrapara al auto? ¿Qué haría si lograra enterrar sus dientes en el parachoques? Yo supongo que, si bien ha pasado toda su vida persiguiendo autos, ¡no tendría ni la menor idea de qué hacer si de verdad atrapara uno!

"Sé claro respecto a lo que deseas obtener
con tu negocio antes de decidir lo que vas
a invertir en él".

Algunos representantes que se vinculan al mercadeo en red son como el perro de campo. Se han pasado la vida deseando algo que de verdad cambie por completo su futuro financiero. Desearían ser el jefe, establecer sus propios horarios, recibir un sueldo por lo que valen, desarrollar sus propias empresas, no recibir órdenes y por tan solo una vez poder probar sus límites para ver qué tan buenos son en realidad. Si tan solo tuvieran una oportunidad... Si tan solo pudieran encontrar un vehículo para conseguir libertad y en el cual pudieran enterrar sus dientes... Adivina qué... en el mercadeo en red es como si el perro hubiera atrapado al auto.

Cuando el perro atrapa el auto

Y ahora que han atrapado al auto y hallaron el medio para obtener independencia personal y monetaria, los nuevos emprendedores deben decidir qué hacer con él. Es hora de dejar de perseguir y de comenzar a hacer. Deja de desear y comienza a trabajar. Deja de sacar excusas y comienza a hacer que suceda. Es una gran transición mental dejar de vivir siguiendo órdenes y llamadas de tu jefe o en tu trabajo para aprender a vivir basado en tus propios valores, sueños y deseos internos. Muchos soñadores han pasado su vida escuchando lo que deben hacer, cuándo hacerlo y cómo hacerlo. Se desorientan al pensar en vivir por motivación interna y elección personal y no por lo que les indique una fuente externa. Se sienten abrumados ante la belleza de esta libertad. Algunos se dan cuenta de que carecen de fortaleza interna y del impulso necesario para manejar su propia independencia. No saben cómo vivir sin tener a alguien como jefe. Responden al hecho de que otra persona les diga lo que deben hacer (motivación externa), pero no saben cómo motivarse lo suficiente para ser decisivos y mostrar iniciativa (tener motivación interna) haciéndose cargo de su futuro, sus finanzas y su vida.

Así que el segundo ingrediente para el éxito revela si alguien tiene lo que se necesita para ser un jugador en el campo del mercadeo en red. Esto te dirá mucho sobre la fortaleza de sus sueños, su deseo de cambiar, la profundidad de su carácter, la fortaleza de su voluntad y su comprensión de cuán transformador llega a ser el hecho de involucrarse en esta industria. Adicionalmente, revelará la habilidad que tenga un representante para concentrarse y su disposición a pagar el precio del éxito. (Más adelante hablaremos respecto a cómo el estar dispuesto a reorganizar o renunciar a algo con el fin de alcanzar una meta deseada tiende a revelar las creencias básicas de un representante en cuanto al mundo y su lugar en él).

¿Cómo puede este segundo ingrediente revelar tanto en tan poco tiempo? Porque es el punto de no retorno que se debe cruzar. Si un representante no está dispuesto a pagar un precio para alcanzar el éxito, entonces no va a someterse a la autodisciplina con el fin de hacer realidad sus sueños, ni trabajará para ser un ganador. Por consiguiente, no tiene lo que se necesita para hacer que los sueños futuros sean realidades presentes. El segundo ingrediente es verdad respecto a la vida, no solo al éxito en el mercadeo de red.

La primera lección para representantes nuevos

Muchos de nosotros, los que nos hemos esforzado para llegar a ser representantes y así vemos la magnitud de esta oportunidad que ofrece el mercadeo en red, sentimos una emoción genuina respecto a lo que trabajar en este campo significará para nuestro futuro. Y lo vemos con tanta claridad, que nos emocionamos respecto a lo que también significaría para el futuro de otros... si se involucraran. Por esa razón, con legítimo entusiasmo y amor los animamos y exhortamos a participar con nosotros en esta industria. Queremos que también funcione para ellos. Pero esto nos prepara para una de las primeras lecciones difíciles que la mayoría de los interesados debe aprender en el mercadeo en red: *tu deseo de este negocio para otros no debe ser mayor al que ellos mismos tengan con respecto a pertenecer a esta industria.* Los demás no pueden borrar nuestra visión. Y ellos mismos solo seguirán avanzando y en movimiento si tienen sus propios sueños y el deseo interno suficiente para hacer lo necesario para convertirlos en realidad. Tú los has honrado haciéndoles la invitación a asociarse contigo en el desarrollo de un negocio capaz de generar más ingresos en un mes del que ellos jamás imaginaron ganar en un año. Pero estarás perdiendo tu tiempo si ellos mismos no lo visualizan, ni lo aprecian, ni lo desean. Serán como un peso muerto que tú estará tratando de "arrastrar" para involucrarlos al negocio. Déjalos solos. Sigue adelante. Ve a trabajar con otro prospecto. Cuando alguien está motivado asume responsabilidad por los sueños de su propia vida y es ahí cuando puedes ayudarle, servirle, apoyarle y enseñarle tanto como tú quisieras y el interesado esté dspuesto a aprender.

"Saber por qué hacemos este negocio es más importante que saber cómo hacerlo".

El precio de la admisión *versus* el precio del éxito

Mucha gente expresará interés en un campo tan transformador como el mercadeo en red. Unos cuantos sentirán intriga, curiosidad, y se verán tentados a decir que "sí" a tu oferta de ayudarles a obtener lo que desean de la vida. Pero en el momento final, se niegan a ponerse en marcha y a que su participación sea activa. ¿Qué es lo que los mantiene alejados del círculo? No es el precio de la inscripción, es el precio del éxito. A ellos les gusta *la idea* de desarrollar una empresa, ser adinerados e independientes, tener dinero para dar, etc. Pero, aunque les guste pensar en estas posibilidades, les da náuseas pensar en *el esfuerzo* que se requiere para hacer que sucedan. Pensar en perderse su programa de televisión favorito, su hora del té, la temporada de cacería o alguna reunión social es algo impensable para ellos. Así que se aferran a la rutina y a los eventos menores de su vida y de manera desprevenida dejan escapar sus sueños. Y todo esto les ocurre de manera tan sutil, que nunca se dan cuenta de lo que hicieron. (Por ejemplo, millones de personas planean sus horarios semanales en torno a programas televisivos tales como *Frasier, Seinfeld o Home Improvement*. Esta organización de horarios les genera la ilusión de estructura, concentración y propósito en su vida. Pero de lo que los televidentes nunca se dan cuenta es de que los actores que ellos están viendo sí viven sus propios sueños. Y el precio de ver a esos actores vivir sus sueños es ¡negarse o renunciar a los sueños de quienes los están viendo!).

Por consiguiente, estas mismas personas tendrán ciertos remordimientos cuando vean que el mercadeo en red está cambiando tu vida y no la de ellos. Sin embargo, no tardarán en desechar sus remordimientos y concluir que tú solo tuviste suerte. En ningún momento llegarán a pensar que tu empresa funcionó porque trabajaste para desarrollarla, ni que decidiste lo que querías y luego evaluaste a qué estabas dispuesto a renunciar o reorganizar a fin de obtener lo que deseabas.

Estos primeros dos ingredientes del éxito (determinar lo que quieres y decidir si estás dispuesto a reorganizarte o a renunciar a algo a fin de obtener lo que deseas) son de mucha importancia. Los sueños brindan esperanza. Las metas producen concentración y esta genera el combustible que nos impulsa a la acción. ¿Por qué te involucraste en el mercadeo en red? ¿A dónde quieres que te lleve? ¿Qué quieres obtener de esta actividad? ¿En qué quisieras que tu vida fuera diferente gracias al mercadeo en red? ¿Y qué estás dispuesto a hacer para convertir en realidad lo que deseas?

A veces sostenemos en las propias manos las respuestas a nuestras oraciones.

CAPÍTULO
TRES

INSPIRADO POR OTROS

Q UIENES PARTICIPAN en el mercadeo en red son representantes independientes en un sentido legal y de negocios. Ellos tienen la libertad de desarrollar sus empresas como elijan mientras lo hagan de una manera que refleje los estándares y políticas de sus compañías. Sin embargo, independiente no significa solo. Tu negocio de mercadeo en red crecerá más y con mayor rapidez si juegas en equipo y entiendes el valor de la asociación. Es por esto que el tercer ingrediente para el éxito es tan importante.

Ingrediente # 3: Asóciate con gente que te ayudará a obtener lo que deseas

El Rey Salomón escribió: "El que anda con sabios, sabio será, Mas el que se junta con necios será quebrantado". ¿De qué estaba escribiendo él? Él entendió que nuestra vida se ve impactada por los demás. Para bien o para mal, "quienes nos rodean afectan nuestro entorno". Llegamos a ser como aquellos con quienes nos asociamos. Por tal razón, les advertimos a nuestros hijos que elijan bien sus amistades. Ya entendemos este principio de vida. Ahora, lo que necesitamos es entender lo vital que es esta verdad para nuestro éxito en el mercadeo en red. No importa el compromiso individual que tengamos con el éxito, este negocio no lo podemos hacer solos. Es obvio que no obtendremos ingresos residuales reales sin otras personas trabajando con nosotros. Sin su participación no ascenderemos a posiciones de liderazgo más lucrativas. Sin otras personas involucradas, no desarrollaremos un gran equipo nacional o internacional que no deje de crecer en tamaño e ingresos. Desde el comienzo hasta el final, este es un negocio de equipo. Es un negocio de gente y todos podemos soñar, desarrollar y ganar juntos.

¿Qué hace que la asociación sea un componente tan importante para el éxito? Es el poder de la asociación el que nos mantiene concentrados, energizados y emocionados. Lo que otros creen impacta nuestras creencias. Su valor, optimismo y tenacidad nos influencian. El asociarnos con otros nos ayudará a inspirarnos para avanzar hacia nuevos niveles de visión personal y determinación.

Contagiado por otros en privado

¿Alguna vez has estado rodeado de gente con actitudes expectantes, positivas e inamovibles? Esas actitudes son como un virus que adquirimos del aire. Son muy contagiosas. No puedes estar con este tipo de personas por un largo periodo sin "contagiarte" de algo de lo que ellas tienen. Su "enfermedad infecciosa" produce síntomas de gozo, esperanza, sabiduría, fortaleza y una sólida ética laboral. Como la "tifoidea", ellas impactan a los demás a dondequiera que vayan. Solo que, en este caso, lo que tienen detrás de sí son vidas que han tenido un impacto positivo. No es necesario esperar a que nuestro sistema inmunológico tenga la suficiente fuerza para resistirse a lo que ellas nos exponen.

Infecciones negativas

Por otra parte, el sistema inmunológico de nuestras creencias y actitudes se expone a diario a fuertes dosis de duda, desconfianza y cinismo... respecto a la vida en general y a la oportunidad en particular. Cuando un nuevo representante se une al network marketing, empieza a interactuar con otros respecto a sus vidas, sueños, metas y necesidades. Luego, intenta explicarles cómo el mercadeo en red encaja con lo que ellos quieren en la vida.

"Un sueño claro hace dos cosas:
crea perspectiva y perseverancia".

Hay varias cosas que en muy poco tiempo asombrarán a los nuevos representantes. En primer lugar, les asombrará la gran cantidad de personas que ha abandonado cualquier expectativa seria mediante la cual los sueños de su vida sí son realizables. En segundo lugar, los nuevos representantes se asombrarán con la idea equivocada común que otros tienen respecto al mercadeo en red. Por lo general, esas percepciones suelen estar treinta años atrasadas. Cuando me encuentro con alguien así, le pregunto si tiene un teléfono de discado y una línea compartida en lugar de una línea privada. Si me responde que "no", le indico que lo que conoce del mercadeo en red corresponde a un atraso de treinta años. Al igual que nuestros teléfonos modernos, el mercadeo en red no es lo que solía ser antes. Es mucho más sofisticado y se está convirtiendo en un medio primordial e indispensable de negocios de comercialización.

A menudo, los representantes entusiastas se encuentran una y otra vez con personas que no tienen sueños y cuyas perspectivas sobre el network marketing son anticuadas y por eso no tienen idea de lo que significaría para ellas afiliarse a una compañía de mercadeo en red de alta calidad. Cuando eso sucede, los representantes tienden a desanimarse. Esto es normal y entendible, pues demasiada exposición a estas personas negativas tiende a ser infeccioso. Es en esta coyuntura en la que el poder de la asociación es muy importante.

Mamá decía que habría días como este

Asociarte con otros que tienen un enfoque claro y una alta motivación te ayudará a seguir adelante cuando tu voluntad se debilite, tu visión se nuble, tu mente se canse y tu corazón se agote. Y todos tendremos momentos como esos, no importa si eres un gran líder, ni si tienes un alto nivel de motivación interna. ¿Recuerdas la canción "Mamá decía que habría días como este"? Al desarrollar cualquier negocio, incluyendo el de mercadeo en red, habrá momentos en los que:

❖ Cuestionarás tu lucidez mientras esperas a que el negocio despegue.

❖ Otros cuestionarán tu lucidez por esperar tanto tiempo y trabajar tan duro.

❖ Dudarás si tienes la resistencia y las habilidades para ver el trabajo realizado.

❖ Dudarás si alguna vez encontrarás el "secreto" de generar riqueza en el mercadeo en red.

❖ Dudarás si los que te dicen el secreto es para que mantengas el negocio simple y evitar que renuncies.

❖ La fatiga pinchará tu entusiasmo.

❖ El temor te tentará a evitar la incomodidad así el precio sea tu futuro.

❖ Los pesimistas afectarán tu confianza en la compañía, en la compensación y en ti mismo.

❖ Los representantes o clientes que no lleguen a tus reuniones harán que tú también quieras renunciar a llegar.

Habrá ocasiones en las que la indiferencia de otros logre hacerte sentir indiferente. Habrá ocasiones en las que la indisposición de otros para involucrarse en tu compañía te hará reconsiderar tu propia participación. Su cinismo te hará ser precavido. Y habrá ocasiones en las que aquellos que no tengan sueños, pasión, ni determinación para cambiar su *comodidad en la vida,* ni entusiasmo por lo emocionante que sería desarrollar una empresa parecerán sabios y relajados por su decisión.

El antídoto para estas experiencias y emociones normales es la asociación. Estar con otros que mantengan sus pensamientos claros, tengan una buena motivación y estén llenos de vitalidad le infundirá ánimo y revitalizará a cualquier soñador con gran rapidez. La asociación positiva es como una transfusión de sangre. Limpia y renueva. Pero, a diferencia de una transfusión de sangre, la asociación en el mercadeo en red también es muy divertida.

La asociación es la razón por la cual aquellas personas que toman en serio el desarrollar su negocio conducen con gusto largas distancias para escuchar las enseñanzas de los líderes de sus compañías. Por eso, disponen de tiempo para asistir a las convenciones y conferencias anuales que organiza su compañía y despejan sus agendas para aprender de aquellos líderes que van adelante de ellos. Este tipo de emprendedores está ansioso por dejar que la visión, las habilidades y la motivación de otros triunfadores los influencien a ellos. Por instinto, entienden la importancia de la asociación y saben que "el que camina con sabios, sabio será".

¿Qué cosas prácticas pueden hacer los representantes para "mantenerse concentrados en el juego" mediante el poder de la asociación? Nunca ha sido más fácil que en esta era, en la que el mundo se ha convertido en una villa. Hay muchas formas de mantenerse en contacto, concentrados e involucrados. Al mirar la siguiente lista, pregúntate cuáles de estas estrategias usan tú y tu equipo y cuáles debes aprovechar mejor:

- ❖ Reuniones de grupo cada semana
- ❖ Reuniones en casa cada semana
- ❖ Libros
- ❖ Audios
- ❖ Videos
- ❖ Teléfono
- ❖ Videoconferencia
- ❖ Fax
- ❖ Buzón de voz
- ❖ Correo electrónico
- ❖ Conferencia
- ❖ Teleconferencia

¿Muy ocupado para asociarte?

Antes de involucrarme en el mercadeo en red, para mí era impensable comprometerme una noche a la semana para alguna cosa. Sobreprotegía mis noches. No podía imaginar darle a ninguna actividad esa clase de tiempo o compromiso. Sin embargo, no tardé en darme cuenta de que el tiempo que invertía en este negocio no lo veía como una tarea a la que me estaba resistiendo. Por ejemplo, noté que esperaba las reuniones semanales, que estas no me perjudicaban, sino que mejoraban mi calidad de vida y mi forma de pensar y sentir.

¿Qué estaba generando ese cambio de pensamiento? Reconocí que varias cosas estaban sucediendo de manera simultánea durante el tiempo que pasaba con la gente que trabajaba en mercadeo en red. Estaba disfrutando del hecho de rodearme de las personas más positivas y con visión de futuro que había conocido en años. Me di cuenta de que, cuanto más serias eran ellas respecto a sus negocios, más se emocionaban por el rumbo que llevaban sus vidas. Estaba aprendiendo nuevas cosas respecto a la industria, sobre mi compañía y sobre cómo funciona el mercadeo en red. Estaba haciendo nuevas amistades y conociendo más personas, y eran gente que me impresionaba. Eran diferentes, tenían un alto nivel de confianza, su optimismo era evidente, su amabilidad era contagiosa y lo serviciales que eran no tenía comparación. No le temían a trabajar duro, tenían pasión por la vida y estaban dispuestas a hacer lo que fuera necesario para hacer realidad sus sueños.

Asociarse con gente de este calibre es bueno para el alma. Nos ayuda a hacer algo muy importante: concentrarnos. Nos anima a mantener la mente enfocada en el juego. A veces, necesitamos que otros nos ayuden a alcanzar y a hacer lo que deseamos. Necesitamos de otros que nos ayuden a mantenernos afilados porque en el negocio de la cotidianidad es fácil perder el filo.

Entrenadores ejecutivos: encuentra uno en tu negocio

¿Has observado cómo se ha popularizado el hecho de que cada día más personas tengan su entrenador físico personal? Esto ocurre, no porque los entrenadores personales sean necesarios debido a que la gente requiera de más conocimiento respecto a la sicología del ejercicio; son necesarios para hacer que quienes entrenan suden, mantengan la concentración, ignoren la incomodidad, trabajen más fuerte de lo que han trabajado antes y superen sus previos límites de fuerza. Son necesarios para ayudarles a otros a hacer lo que no harían por sí solos.

El mismo fenómeno ocurre en el mundo corporativo. Personas como yo estamos siendo contratadas como entrenadores ejecutivos y preparadores corporativos. ¿Y por qué nos necesitan? No es porque les enseñamos un infinito conjunto de conceptos únicos y novedosos a los representantes del mundo del multinivel. ¡No! Por lo general, les decimos lo que ya saben, les recordamos lo que ya quieren hacer y luego les ayudamos a estructurar sus propias metas y valores de vida. Cuando han recibido este entrenamiento durante un tiempo específico (por lo general, de dos a tres años), los nuevos representantes suelen ver que su productividad crece y que sus ingresos se duplican y triplican. Mientras alcanzan sus metas, estos ejecutivos, más que antes, logran mayor equilibrio y tiempo libre. Y en lugar de trabajar más y disfrutarlo menos, trabajan menos y lo disfrutan más.

¿Cómo y por qué sucede esto? Porque los entrenadores ejecutivos contribuimos a que la gente se concentre en las tareas que debe hacer. Les ayudamos a combatir una de las fallas fatales de la naturaleza humana: el deseo de hacer solo lo que parece más fácil en el momento. Todos sabemos cómo es seguir el camino de la menor resistencia... para nuestro propio mal.

*"La asociación con otros suele inspirarnos
a nuevos niveles de visión y
determinación personal".*

Hay decenas de miles de hombres y mujeres de carácter en el mercadeo en red que son atentos y confiables, gente de visión que ha aprendido a decirles "sí" a sus sueños y "no" a las distracciones. Ellos tienen la habilidad de ver el futuro con tanta claridad, que les da gozo y fortaleza para el presente. Son nuestros compañeros y colegas, y pueden servirnos como una especie de entrenadores ejecutivos porque nos recuerdan nuestra visión, nuestras metas y deseos de desarrollar este negocio... incluso cuando no es conveniente o fácil. Su impulso nos mantiene en curso. Su tenacidad nos inspira. Su renuencia a renunciar nos conserva haciendo la labor. Como ocurre en el ejército, ellos nos ayudan a ser todo lo que somos capaces de ser.

Antes de mirar el último ingrediente del éxito, permíteme pedirte que nos detengamos a pensar en un aspecto definitivo: la consejería. Los consejeros astutos aprenden a prestarles atención a las emociones que pululan en el ambiente. Ellos no solo escuchan el contenido. También escuchan los estados de ánimo, las emociones y la atmósfera presente en el lugar donde se encuentran (como temor, ansiedad, ira, falta de perdón, tristeza, estrés, gozo, paz, alegría o emoción).

¿Alguna vez has notado que hay quienes, cuando entran a un recinto cualquiera emanan gozo mientras que otros lo eliminan? Algunos invitan a la risa y en cambio otros la asfixian. Algunos hacen que desees quedarte y otros logran que quieras irte al momento. Mi pregunta para ti es esta: ¿con qué emoción llenas tú los lugares a los que vas? ¿De qué manera impactas la atmósfera o el estado de ánimo de los sitios a los que te diriges? La razón por la cual vale la pena que te hagas estas preguntas es porque eso mismo es lo que vas a hacer en tu negocio. Y los demás sentirán de manera intuitiva aquello con lo que llenes el sitio al que vayas. Asegúrate de que la emoción y el gozo de desarrollar tu empresa se reflejen en tu actitud.

Ingrediente # 4:
Prepara un plan y hazlo funcionar

Escucharás más y más sobre el tema. Este no va a dejar de ser el tema del día. Así como ocurre durante las elecciones presidenciales, vas a cansarte de escuchar tanto de lo mismo antes de que termines de leer estas páginas. ¿De qué estoy hablando? De que el tema de moda será: "¿Cómo vas a pasar tu próxima víspera de Año Nuevo?" Muchos se pasarán incontable cantidad de tiempo planeando, anticipando y hablando sobre cómo planean recibir el nuevo año. Gastarán dinero que no tienen con el fin de festejar durante una noche que pasará volando como nanosegundos y su celebración les dará la sensación de inaugurar un año nuevo, una nueva década y hasta un nuevo siglo y un nuevo milenio con gran estilo.

Sin embargo, al final, muchos entenderán que pasaron años planeando para una sola noche. Habría sido mejor pasar una noche planeando para los siguientes años. No me importa cuál haya sido la calidad de esa noche. Pero sí me importa la calidad de mi vida para el futuro. Quienes entiendan este cuarto ingrediente para el éxito estarán muy bien preparados no solo para la noche de Año Nuevo, sino también para vivir una nueva época en su vida. Y ese es un sentimiento magnífico de experimentar. Pero ¿cómo asegurarnos de que eso suceda? Bueno, es más simple de lo que muchos esperan.

Vuelve a mirar el cuarto ingrediente del éxito: "Ten un plan que funcione. Haz funcionar tu plan". Dos cortas frases que, bien entendidas, cambiarán infinidad de vidas, puesto que el logro, la productividad, el hecho de alcanzar metas significativas y el éxito son algo mucho menos difícil de lo que uno suele asumir.

Prepara un plan que funcione

Mi objetivo no es decirte qué plan usar para desarrollar tu negocio. Respeto el plan que tanto tú como tu equipo estén usando. Hay muchas formas diferentes, pero igual de efectivas para desarrollar un equipo grande y crear riqueza trabajando en el mundo del mercadeo en red. El problema no es "¿Qué plan estás usando?" sino "¿Tienes algún plan?"

En el mundo corporativo no escasean los planes. Abundan: viejos, nuevos, mejorados, de alta tecnología, de baja tecnología, de alto toque, de bajo toque, sencillos, complicados, claros, complicados, elaborados, breves y así sucesivamente. En algunos casos, son útiles; a veces, lastiman; en ocasiones, causan risa; y a menudo, son todo menos ignorados. En el mundo de los negocios se invierte infinidad de dólares y horas hombre en la búsqueda de un plan efectivo. La meta es clara: aumentar los ingresos. Pero, en primer lugar, los líderes corporativos entienden que, entre su gente, ellos deben generar enfoque y disposición a desarrollar el plan. Ellos procuran aumentar la productividad.

¿Por qué es tan elusiva esta meta tan sencilla? Porque depende por completo de una de las dimensiones más fascinantes del comportamiento humano: la motivación. Exploraremos esta dinámica de la motivación desde un punto de vista sicológico a lo largo de este libro. Por ahora, permíteme hacer a un lado mi sombrero clínico y escribir como una persona de negocios directa y honesta. Déjame inyectarle a este trabajo algo de realidad respecto a lo que se necesita para tener éxito en tu negocio de mercadeo en red. Visto a simple vista es demasiado simple.

Dilo tal como es

Kenny Troutt ha llegado a ser reconocido como uno de los mejores líderes corporativos de los Estados Unidos. (No solo en el entorno del mercadeo en red, sino en el mundo corporativo en general). Cuando les habla a los grupos, suele mencionar tres cualidades que él considera necesarias entre los interesados que quieren tener éxito en el mercadeo en red. Él afirma:

1. *Necesitas un sueño grande*

2. *Debes estar dispuesto a esforzarte*

3. *Debes estar dispuesto a ver el trabajo realizado*

Aprecio su candor. Tiene toda la razón. La tercera cualidad es la que hace que el éxito sea inevitable para algunos y tan elusivo para otros. Pero ¿qué significa esto y cómo lo hacemos?

Hay una progresión lineal para aquellos que tienen grandes sueños. Suele verse así:

1. Ten un sueño.

2. Desglósalo en las partes o fases que lo componen.

3. Establece metas que reflejen las partes o fases que lo integran.

4. Desarrolla un plan (a largo plazo, mediano plazo y corto plazo) para alcanzar cada meta.

5. Haz que tu horario refleje tu plan.

6. Cíñete a tu horario.

Si de repente sientes que tus ojos miran más allá, hay buenas noticias. Esto no es complicado. Ya lo haces todo el tiempo. La progresión listada arriba, como Stephen Covey nos lo recuerda, es tan solo "comenzar teniendo el final en mente" y luego pensar hacia atrás desde ese punto. No es más que averiguar hacia dónde quieres ir, cómo vas a llegar allá y luego HACERLO.

"El éxito en el mercadeo en red no es cuestión de talento. Consiste en tenacidad y trabajo laborioso y constante".

Este proceso es tan automático que ya debes haberlo hecho muchas veces. Lo usas para tareas pequeñas y para las grandes metas en la vida. Incluso, puedes hacerlo de manera inconsciente. ¿Has hecho alguna vez una gran cena y al final tu cocina ha quedado en un total desorden? Después de la partida de los invitados, miraste por todas partes y dijiste: "¡Qué desorden!" Y ¿qué hiciste luego? Comenzaste teniendo en mente el final. Tu meta era limpiar la cocina. (No puedo pensar en que limpiar la cocina sea un sueño... ¡así que pasemos eso por alto! Pero el proceso es el mismo). Comenzaste con cierto tipo de plan para organizar tu meta de tener una cocina limpia, descomponiéndolo en partes o fases que lo integran. Quizá comenzaste trayendo todo a la cocina y luego poniendo toda la comida en otra parte. Luego, tiraste a la basura todos los desechables. Es probable que a continuación hayas hecho una torre de platos, un montón de cubiertos, que hayas puesto juntos todos los vasos, los hayas enjuagado y luego los hayas puesto en el lavavajillas. Ya entendías todos los pasos necesarios para alcanzar tu meta.

Así mismo, ¿recuerdas cuándo fuiste a la escuela o la universidad? ¿Cuál era tu sueño (tu meta)? En los términos más elementales, era graduarte para poder avanzar a la siguiente meta en tu vida. Comenzaste teniendo en mente el final. Al ingresar, ya estabas planeando tu salida. ¿Cómo lo hiciste? Es probable que te hayas reunido con consejeros de orientación que te ayudaron a avanzar por los seis pasos mencionados. Ellos respetaron tu meta y luego te ayudaron a alcanzarla, un año, un semestre, una clase, un examen a la vez. Y al final, alcanzaste tu meta paso a paso.

Escalera al éxito

Toda buena compañía de mercadeo en red tiene una "escalera al éxito" definida con claridad. Es una gráfica o narración descriptiva que les permite a los participantes entender dónde entran, en qué punto entran al negocio y qué se necesita para ascender en los rangos de avance en liderazgo e ingresos. De hecho, hay una compañía que a la jerarquía de liderazgo progresivo e ingresos la llama "escalera al éxito". Esa es una gran frase.

La palabra "escalera" es una gran metáfora para crecer en los negocios y en la vida. Imagina ir a visitar amigos en una oficina de un tercer piso. Después de subir las escaleras, encuentras la oficina así que llamas a la puerta. ¿Qué sucedería si al verte tus amigos comenzaran a aplaudirte, a admirarte y a elogiarte por haber llegado a la oficina del tercer piso? ¿Qué si todos salieran y te dieran la mano y palmadas en las espaldas, felicitándote como si acabaras de correr una maratón? Empezarías a pensar que esas personas hacen todo menos trabajar. ¿Por qué? Porque subir unas escaleras no es un logro muy notable. No es gran cosa. Lo hiciste sin pensar. Pero HICISTE algo asombroso. Acabas de hacer una ascendencia vertical de unos 40 pies sobre el nivel del piso. Pareció algo sin mayor significado porque todo lo que hiciste fue dar un paso a la vez y, antes de saberlo, ya estabas en tu destino. Así es como se alcanza el éxito en el desarrollo de un negocio... un paso a la vez.

Así que, si eres una de esas personas que les gusta soñar en grande, mira bien hacia el futuro o encuentra formas elaboradas de planearlo y administrarlo, eso está bien. Solo mira en qué escalón de tu negocio te encuentras ahora; luego, haz lo que sea necesario para pasar al siguiente. Está bien que tus metas sean pequeñas y que tu progreso sea estable.

Pareciera que los triunfadores que llegan a la cima siguiendo una planeación y acciones sistemáticas lo hicieran casi por accidente y hasta se asombran porque los demás se maravillan con sus triunfos. Según su manera de pensar, ellos no hicieron nada espectacular. Solo dieron un paso a la vez y se rehusaron a renunciar. Por tal razón, el éxito en el mercadeo en red (y en casi todo en la vida) no depende del talento. Consiste en tenacidad y trabajo laborioso y constante.*

Y si el éxito es más fácil de lo que la mayoría de la gente espera, entonces ¿por qué tan pocos lo alcanzan? Ya sea teniendo éxito en el mercadeo multinivel o en cualquier emprendimiento de negocios, ¿por qué algunos soñadores no triunfan? Además de no trabajar y aplicar los tres principios del mercadeo en red, junto con los cuatro ingredientes para el éxito, hay otro principio importante muy útil que ellos necesitan comprender. Es el arte de aprender a vivir en una nueva zona horaria. La zona horaria del emprendimiento. Así que mira tu reloj, dale cuerda. El siguiente capítulo consiste en esta nueva clase de tiempo.

*(Si quieres ver una buena comedia que aborda de forma directa el punto de ir un paso a la vez, alquila la película *What about Bob?* Es una gran historia sobre "Bob", interpretada por el inimitable Bill Murray, quien vence sus propios temores dando "pasos de bebé").

CAPÍTULO
CUATRO

VIVIENDO EN EL TIEMPO DEL EMPRENDIMIENTO

QUIZÁS HAYAS ESCUCHADO la historia sobre los dos grupos de personas en el universo. En este relato, cada grupo vive en un planeta separado. Un grupo vive en un "planeta normal". En el otro planeta están todos los involucrados en mercadeo en red.

La gran mayoría de la gente vive en el planeta normal, donde la costumbre para casi todos los habitantes es ser empleados por otras personas. Una norma cultural aceptada es que los empleadores les digan a sus empleados qué tareas realizar, dónde trabajar y cuándo. Lo curioso es que, en el planeta normal, la mayoría de personas no trabaja porque está siguiendo su propio sueño. Solo trabaja para recibir un sueldo cada semana o cada dos. Además, deja que sus empleadores determinen el valor monetario de su trabajo. En cambio, los habitantes del planeta del multinivel suelen desear estar recibiendo más utilidades y rara vez consideran en serio tomar acciones sobre cualquier alternativa creativa. Están tan adaptados a esta forma de vida, que cualquier cosa que sea diferente a lo que ellos conocen es considerada como un estilo de vida alternativo y anormal.

Lo que esto significa es que en el segundo planeta de este universo se encuentran todos aquellos que participan en las redes de mercadeo. En este planeta, sus habitantes se mueven por valores diferentes. Por ejemplo, no están dispuestos a intercambiar una y otra vez su cantidad limitada de tiempo por una cantidad fija de dinero. Ellos están motivados por un deseo de libertad: libertad para seguir sus propios sueños; libertad para probar los límites de sus habilidades; libertad de tiempo: libertad para recibir el pago de lo que de verdad valen. Además, son libres de las limitaciones financieras. Saben que los habitantes del planeta normal los ven como si estuvieran medio locos. Así mismo, cuando ellos miran a los habitantes de ese planeta, no comprenden cómo todos ellos se rinden voluntariamente a otras áreas tan importantes de la vida. Por tanto, es evidente que estos dos grupos son mundos aparte.

¿Que ilustra este relato? Representa dos perspectivas muy diferentes respecto al mundo en el que vivimos. Una es un mundo lleno de emprendedores osados y proactivos que ven la oportunidad y eligen mantener en sus propias manos el control de su futuro. El otro es un lugar donde sus moradores son más reacios al riesgo y prefieren que su vida sea segura y predecible; además, renuncian a sus sueños y a tener control sobre ellos, dándoselos a otros. En resumen, este relato es una maravillosa ilustración de la vida como emprendedor y como no emprendedor.

Dos tipos de empresarios:
Primarios o macroempresarios y microempresarios

Clasifico a los empresarios en dos categorías: primarios o macroempresarios y microempresarios. Personas como Bill Gates y Kenny Troutt son emprendedores primarios. Son empresarios puros. En su mente, ellos ven el mundo a nivel macro. Como empresarios primarios, ven al mundo como un astronauta en el espacio mirando por una escotilla. Para ellos, el mundo se ve pequeño, alcanzable y manejable.

Los microempresarios también son gente de una visión excepcional, aunque su visión no es tan expansiva y osada como la de un empresario primario. Quizá no vean al mundo en un solo vistazo, pero de todas formas tienen un ojo agudo para identificar negocios y potencial financiero. Ellos también tienen el corazón de un emprendedor en su interior. Y dentro de ese corazón yace una mezcla de valor, una disposición a correr algún riesgo y un deseo silencioso, pero persistente de ser los mejores.

La belleza del mercadeo en red es que les da a los empresarios un entorno en el que su valor y visión pueden mezclarse con los de los microempresarios. Cuando estos empresarios eligen una empresa reconocida, su visión se ajustará sin dificultad al despertar que sigue a cada macroempresario que está en busca de nuevos rumbos.

Ya sea que seas macro o microempresario, ¿qué significa ser empresario? ¿Los empresarios ven, piensan y trabajan de maneras diferentes a quienes no lo son? ¿Y esto qué tiene que ver con el éxito en el mercadeo en red?

La vida en una nueva zona horaria: el tiempo empresarial *versus* el tiempo burocrático

¿Alguna vez has tenido varias reuniones durante el mismo día en tres diferentes zonas horarias? El reloj de tu cuerpo está en una zona horaria, el de tu muñeca indica una segunda zona horaria y el reloj de la sala de reuniones indica una tercera. Resulta un poco difícil tratar de seguir la zona horaria en la que estás. La vida en el mercadeo en red es igual. Si no prestamos mucha atención, podemos confundirnos por completo respecto al lugar donde nos encontramos, la zona horaria en la que estamos y la forma de vivir ahí.

Dan Sullivan es un excelente entrenador ejecutivo de Toronto, Canadá. Él divide en dos categorías la vida del mundo de los negocios. El tiempo empresarial y el tiempo burocrático. Sus categorías se aplican de forma maravillosa al desarrollo de un negocio de mercadeo en red. Cuando la gente que trabaja en mercadeo en red aprende la gran diferencia entre estas dos zonas horarias y le presta atención a la zona en la que vive o piensa, entonces el desarrollo de su negocio se hace mucho más entendible y divertido.

La vida en el tiempo burocrático

¿Cuál es la diferencia entre el tiempo empresarial y el tiempo burocrático? Como Dan Sullivan lo aclara, quienes viven en el tiempo burocrático habitan en un mundo mucho más estructurado y predecible. Por ejemplo, quienes viven en el tiempo burocrático suelen conocer cuántas horas van a trabajar cada día y durante la semana. Ellos saben cuánto van a ganar por hora. Pueden darte cálculos precisos sobre cuánto ganan a la semana, al mes y al año. Saben cuántos días tienen disponibles para estar enfermos, para estar saludables y de vacaciones. Sus vidas tienen una rutina y un ritmo con el que ellos están bien familiarizados. En cambio, quienes viven en el tiempo emprendedor le prestan poca atención a estas cosas, como lo aclarará el resto de este capítulo. Sus pensamientos y enfoque están basados en aspectos mucho más importantes.

Cuando las creencias burocráticas se encuentran con la hora empresarial

En el mercadeo en red hay muchos que comienzan sus negocios en este campo deseando ser emprendedores viviendo en la hora empresarial. Sin embargo, sin darse cuenta, terminan viviendo en la hora burocrática. Olvidan la zona en la que deben pensar y vivir. Cuando esto sucede es fácil desorientarse.

Por ejemplo, hay quienes toman expectativas del mundo de la hora burocrática (o el "planeta normal") y tratan de aplicarlas al mundo del horario empresarial. Lo cierto es que esa premisa no funciona, ya que estos dos mundos no tienen una interconexión muy eficiente. El concepto más común que los emprendedores traen de la zona horaria burocrática y que intentan hacer que se ajuste a la zona horaria emprendedora es el que se conoce como el "ingreso lineal".

"Los empresarios perciben las cosas más pronto, con mayor claridad y con más plenitud que otros".

Quienes viven en el tiempo burocrático están acostumbrados a ver una correlación directa entre las horas que han trabajado y la compensación que reciben. Si trabajan cinco horas, esperan recibir el pago de cinco horas. Si trabajan un mes, esperan recibir el pago de un mes. Esta es la norma en una zona horaria burocrática. Es una tarifa estándar. Pero cuando esta expectativa o creencia se transfiere a la zona horaria emprendedora, eso es la muerte. De manera inconsciente, los emprendedores que así piensan empiezan a asumir: "He estado en este negocio durante tres meses y no he visto un cheque de pago proporcional a tres meses de trabajo. ¡Algo anda mal! Alguien páguueme algo por mi trabajo". Sus antiguas creencias de la otra zona horaria los confunden y los frustran cuando no se transfieren a la hora emprendedora. Pero algunos representantes han vivido con estas creencias por tanto tiempo, que no cuestionan su aplicabilidad en sus negocios o en la zona horaria de este emprendimiento. En lugar de eso, ellos se preguntan si sus negocios de mercadeo en red sí les funcionará. De hecho, pueden funcionarles muy bien, pero no mientras no aprendan y acepten una nueva manera de medir el tiempo y se decidan a cambiar sus expectativas.

Hace poco, escuche a un empresario primario hablar ante representantes de su compañía. En broma, les dijo: "¿En qué otra parte es posible trabajar cien horas sin recibir ningún pago y luego trabajar cinco horas y recibir el pago de mil horas?" ¿De qué estaba hablando él? De que él entiende la vida en el tiempo del emprendimiento. Él sabe que, en ese tipo de horas, no esperas, ni buscas alguna correlación entre lo difícil que fue tu trabajo, durante cuánto tiempo lo hiciste y el ingreso obtenido. En la parte visible, trabajas muy duro y esperas casi nada a cambio. Y en lo que no se ve, recibes un pago mucho mayor a aquello por lo que trabajaste. Así es la vida en esta nueva zona horaria. Por eso les enseñamos a los nuevos representantes a asumir métodos de largo plazo en el desarrollo de sus negocios. Se requiere tiempo para hacer crecer nuestras organizaciones. Crear profundidad y una duplicación continua toma tiempo. Se necesita tiempo para desarrollar un equipo y generar un ingreso residual importante. Esto lo entienden aquellos que logren desarrollar y mantener una mentalidad de vida en el tiempo del emprendimiento. Quienes se devuelven al tiempo burocrático, se vuelven impacientes y se confunden.

Cómo piensan los empresarios

¿Cómo piensan los empresarios? Miremos a un empresario típico llamado Joe. Si por varios días entraras en su mente, vieras con sus ojos y caminaras en su cuerpo ¿qué descubrirías? No tardarías en sentir que un empresario piensa y trabaja de una manera diferente a quienes viven en el tiempo burocrático. Lo primero que descubrirías es que ellos tienen una visión extraordinaria.

Mira el siguiente cuadro. Representa cómo los oftalmólogos y los optómetras nos indican la calidad de nuestra visión.

Los empresarios tienen una visión 2/2.000				
20/20	20/40	20/80	20/120	20/200
← Medidas de visión →				

El número a la izquierda de la barra oblicua representa lo que ves con claridad a una distancia de veinte pies. El número a la derecha representa una norma estandarizada. En otras palabras, nos dice dónde se pueden parar las personas con buena visión para ver el mismo objeto con la misma claridad que la persona que está siendo evaluada puede ver a veinte pies de distancia. Así que, si alguien tiene una visión 20/40, esto quiere decir que ve a 20 pies lo que las personas con buena visión ven a 40 pies de distancia. Si alguien tiene una visión 20/120, esto sugiere que lo que él o ella ven con claridad a 20 pies, otros lo ven con claridad a 120 pies de distancia.

¿Y esto qué tiene que ver con cómo piensan los empresarios y su cosmovisión? Que representa la excepcional visión que ellos tienen, pues ven potencial, oportunidad, tendencias, transiciones, mercados emergentes, necesidades y el futuro con tal agudeza, que dejan a los no emprendedores sintiéndose miopes o ciegos. Esto es porque los empresarios tienen la capacidad de ver las cosas más pronto, con mayor claridad y plenitud que los demás. Observa el siguiente gráfico:

Los empresarios tienen una visión 2/2.000				
2/20	2/60	2/100	2/200	2/2.000
← Medidas de visión empresarial →				

En este grupo el número a la izquierda representa lo que la persona promedio puede ver a una distancia de dos pies. El número a la derecha representa los grados de variación de visión de los diferentes empresarios. Por ejemplo, 2/20 significa que la persona promedio puede ver a una distancia de 2 pies lo que un empresario puede ver con claridad a 20 pies; 2/10 sugiere que lo que es visible a la población normal a 2 pies de distancia, un segundo empresario lo puede ver sin dificultad a 100 pies. Y para algunos, 2/2.000 representa la visión emprendedora como la de un águila. Estos empresarios pueden ver con perfecta claridad a 2.000 pies lo que otros no pueden ver a 2 pies de distancia.

Los empresarios primarios tienen una visión que es realmente asombrosa. Ellos no solo tienen la capacidad de ver las cosas mucho antes que nosotros, ¡sino que ven lo que nosotros no podemos ver en absoluto! No importa cuánto traten de explicarnos lo que ven con perfecta claridad, nosotros a veces, sencillamente, no logramos verlo. De hecho, ni siquiera nos imaginamos lo que ellos piensan al respecto, ¡y mucho menos vemos bien lo que ellos sí ven!

Hacerle tu presentación de negocios a alguien es como hacer una prueba de visión

He elegido una línea base de 2 pies para medir la visión emprendedora. Esto es porque cuando los representantes le muestran su negocios a un cliente potencial, este suele estar a 2 pies de distancia de los materiales utilizados como ayuda visual para la presentación. Lo que hacen los representantes, lo sepan o no, es aplicarle a su prospecto una prueba de visión. En otras palabras, lo que ellos están tratando de hacer es cerciorarse si esa persona tiene alguna visión de emprendimiento.

Es probable que en alguna ocasión le hayas presentado tu negocio a alguien y ese prospecto te haya mirado con una expresión que decía: "¡No tengo la más remota idea de lo que me estás diciendo!" Su expresión facial te decía la verdad. Literalmente, no veía lo que le estabas mostrando. Estaba justo ante sus ojos, pero tu prospecto no alcanzaba a verlo. La próxima vez que esto te suceda, no lo tomes como algo personal. Solo sonríe y agradece que tú sí tienes una buena visión. Tú sí ves lo que otros no logran ver. Además, cuando más arraigada esté una persona en el mundo de la zona horaria burocrática, menos probable será que se involucre o se emocione con lo que tú haces y con lo que le estás ofreciendo. Muchos no lo entienden. Sin embargo, sé amable, avanza y busca a alguien que tenga una mejor visión.

Los empresarios pueden ver a la vuelta de la esquina

Otra manera de apreciar la visión de los empresarios es reconociendo que ellos tienen la habilidad de ver el futuro o de "ver lo que hay a la vuelta de la esquina". Por lo general, si estuvieras sentado en algún recinto con alguien, esperarías ver lo mismo que esa persona está mirando. Pero ¿cómo sería si estuvieses sentado allí con un individuo que tiene tu mismo campo visual, pero con la capacidad de ver mucho más que tú? ¿Cómo sería si esa persona viera más allá de la puerta cerrada, por el pasillo, a la vuelta de la esquina y dos pisos abajo por las escaleras e identificara a tu mejor amigo que se aproxima? Quedarías asombrado si ella te dijera que tu mejor amigo viene en camino a verte y dos minutos después tu amigo entrara allí donde tú estás. Esto es precisamente lo que los empresarios hacen. Su habilidad de ver cómo el futuro se acerca deja a quienes los rodean sintiéndose casi ciegos.

La próxima vez que tengas la oportunidad de escuchar a macroempresarios, préstales mucha atención. Escúchalos cuando describan el futuro de sus industrias, compañías y productos o servicios. Escúchalos, pero no le prestes atención a la información que estén compartiendo. En lugar de eso, préstales atención a ellos como personas —como empresarios primarios. Ellos están tratando de permitirte entrar en sus mentes para que puedas ver el mundo con sus ojos. Te están describiendo una realidad que se avecina. Están mirando hacia el futuro y a la vuelta de las esquinas. Ellos, *de forma literal, pueden ver en su imaginación lo que están describiendo con sus palabras.*

Admiro a todos los empresarios primarios por sus habilidades. Pero con el paso de los años, he pasado suficiente tiempo con muchos de ellos, de modo que los admiro aún más por otra razón: los verdaderos visionarios y los empresarios puros viven rodeados de una soledad única que ocurre mientras ellos esperan a que los demás comiencen a ver o a entender lo que ellos han estado viendo desde hace años. Oswald Sanders escribió acerca de aquellos líderes que tienen una visión excepcional: "No hay nadie más solitario que un hombre adelantado a su tiempo". Los líderes con visión son los primeros en ver las cosas. Ellos ven más allá hacia el futuro. Y ellos ven las cosas más completas y con mayor claridad que quienes los rodean. Ese puede ser un lugar solitario. Y resulta ser un difícil acto de equilibrio el seguir en busca de tu visión a alta velocidad, mientras vas lo suficientemente despacio para no afectar a los que están tratando de seguirte el ritmo.

A una escala mucho menor, esta es la misma experiencia que tienen muchos de los que participan en el mercadeo en red. Tienen una excelente visión y pueden ver potencial y oportunidades en sus negocios. Pero cuando comienzan a compartir "lo que ven" con otros, no tardan en darse cuenta de que la mayoría de los demás no puede ver lo que ellos están viendo claramente. En estos momentos, el representante tenderá a mantenerse firme y sentirse agradecido por tener una buena visión en particular o se verá tentado a sentir la soledad de la visión de largo alcance y a desanimarse.

Tú puedes mejorar tu visión de emprendimiento

Nuestra capacidad de pensar y ver el mundo como empresarios no es fija. Podemos desarrollarla y hacerla crecer. Por eso, la asociación con otros visionarios es tan vital. Ellos impactarán nuestra manera de pensar y nos ayudarán a mejorar nuestra visión. En contraposición a esto, si los dejas, los pesimistas lograrán sacarte hasta los ojos.

Paul Orberson, como muchos otros, es un excelente ejemplo de alguien cuya visión empresarial ha mejorado con el tiempo. ¿A qué distancia podía ver Paul Orberson cuando se involucró con su compañía de mercadeo en red?

¡Su meta era ganar suficiente dinero para pagar una nueva camioneta utilitaria! Eso significa que un buen día, lo más lejos que Paul pudo ver hacia el futuro era generar $350 dólares al mes. Y como en la actualidad gana más de $1 millón mensual, supongo que su visión ha mejorado. Estoy convencido de que él ahora ve cosas que antes ni siquiera habría imaginado.

"El aspecto más sorprendente del éxito es
lo engañosamente simple que es".

¿Qué tan lejos crees que puede ver la mayoría de los nuevos participantes en el mercadeo en red de una nueva compañía? En sus mejores días, muchos de ellos apenas sí logran ver más allá de recuperar su inversión inicial. Por eso, cuando les presentamos este negocio a otros, no tiene mucho sentido decirles en realidad lo grande que es la oportunidad. Es mucho más grande de lo que ellos pueden imaginarse, ver o entender, que incluso es contraproducente mencionarles ese aspecto. Solo busca saber cuáles son sus sueños o aquellos aspectos de su vida con los que no estén contentos y compárteles cómo tu compañía sería el vehículo para llevarlos a donde ellos quieren llegar.

Los empresarios viven en un estado de recursos

De seguro has escuchado la expresión "todo es un estado mental". Esta afirmación es verdad.

Nuestro estado mental tiene un profundo impacto sobre nuestra visión de la vida y del mundo. Miremos dos categorías específicas.

Un estado de recursos y un estado de problema. Los empresarios de éxito aprenden a vivir en un estado de recursos.

Estado de recursos	Estado de problemas
Anticipa el futuro con confianza.	Anticipa el futuro con temor.
Ve los problemas como algo que puede y será resuelto.	Ve los problemas como algo que no se resolverá.

Cree que la vida es buena y sabe que también es difícil.	Cree que la vida es difícil y que los buenos momentos son la excepción.
Ve los retos como circunstancias que se deben manejar y superar.	Ve los retos como inmanejables y abrumadores.
Ve posibilidades por todas partes.	Ve problemas por todas partes.
Disfruta la vida.	Soporta la vida.
Espera prosperar y ganar en el juego de la vida.	Espera apenas sobrevivir en el juego de la vida.
Se siente como un jugador en el juego de la vida.	Se siente como una víctima en el juego de la vida.

Los empresarios viven con una actitud general de expectativa positiva

Quienes viven en un estado de recursividad, o en un estado de excelencia, saben que, en cierta medida, tienen el control sobre sus circunstancias y su futuro. Ellos saben que son jugadores en el juego de la vida. Ven el futuro con tal claridad y confianza, que sus circunstancias inmediatas no los abruman.

Puedes APRENDER a vivir en un estado de recursos

Es usual ver que los representantes crecen en sus habilidades para permanecer de forma consistente en un estado de recursos. Conforme crecen sus convicciones sobre la industria del mercadeo en red, junto con su confianza en la compañía y el potencial de compensación, su equilibrio y seguridad también aumentan. Se vuelven inquebrantables. Y a medida que el cuadro completo se hace más claro para ellos, los problemas normales de desarrollar cualquier empresa se les hacen menos problemáticos. Estos representantes se hacen más resilientes, resistentes y optimistas, puesto que saben que sus éxitos futuros no dependen de la respuesta de una persona o de una cita. Llegar a este nivel de confianza interna toma tiempo, pero es muy liberador. Para otros, esta libertad a veces termina siendo mal interpretada como "mala actitud".

Tiende a verse como si uno tuviera "una mala actitud" hacia los demás. Si quienes me rodean no entienden mi confianza en el mercadeo en red y en la compañía a la que estoy afiliado, entonces confundirán mi confianza y la considerarán como indiferencia o arrogancia. Me agrada compartir una historia común con personas que están considerando vincularse a mi equipo, pero no logran decidirse y dudan entre sí, no y de pronto. Yo suelo decirles algo como lo siguiente:

"Permíteme compartirte una historia que te ayudará a quitarte la presión de encima. ¿Sabes que cada semana a las 6:30 y a las 9:30 un avión de British Airways sale del Aeropuerto Internacional de Dulles hacia Londres? ¿Sabes qué me intriga respecto a esos vuelos? Que ellos parten con o sin nosotros. No importa si estamos a bordo o no.

Al igual que esos vuelos de British Airways, la industria del mercadeo en red va a despegar y se va a convertir en una industria de trillones de dólares, con o sin nosotros. Sin importar si hacemos parte de ella o no.

De igual forma, mi compañía va a despegar y se va a convertir en una industria de muchos millones de dólares, con o sin nosotros. No importa si hacemos parte de ella o no. Yo voy a aprovechar esta oportunidad contigo o sin ti. Compré un boleto para este vuelo y quiero saber lo siguiente: ¿quieres volar con nosotros? ¿Ves cómo mi compañía podría ser un medio para hacer realidad tus sueños y quisieras unirte a mi equipo? Me encantaría tenerte. Pero en realidad me tiene sin cuidado lo que decidas. Tu futuro dependerá de tu decisión. Pero el mío, no. Entonces, ¿qué quieres hacer?"

Para ti, como lector, estas afirmaciones quizá te suenen muy incisivas. Pero cuando las dices, los demás aprecian tu candor y sienten menos presión. De forma intuitiva, ellos saben que estás en un estado de recursos y que su respuesta no te va a dejar en problemas. Esto les permite ser tan honestos contigo como tú los has sido con ellos. Y ese es un acto liberador para todos.

Los representantes que viven en el tiempo del emprendimiento son personas muy especiales

Cuando los representantes aprenden a vivir en la zona horaria del emprendimiento mejoran su visión y viven en un estado de recursividad; se hacen mucho menos susceptibles. Las partes estándar del negocio, tales como quedarse esperando a alguien para una cita, o que no llegue nadie a las reuniones, son mucho menos molestas. ¿Por qué? Porque ellos ven el futuro con tal claridad y de manera tan inevitable, que perciben los aspectos de la rutina del negocio como circunstancias inconsecuentes. Ellos tienen la certeza de que el futuro de la industria, la compañía que eligieron y sus compensaciones no dependen de una cita... no importa con quién sea. Así que, como un experto en judo, ellos solo ruedan y siguen adelante. (Jimmy Dick, un verdadero experto de la industria, y alguien rumbo a ganar $1 millón al mes en su empresa, tiene su propia expresión para estas situaciones. Él afirma que los representantes de éxito desarrollan un "trasero de caucho". (No importa lo que les suceda, ellos solo rebotan y siguen adelante).

Los empresarios que viven en un estado de recursos también comienzan a ver que representan a un pequeño porcentaje de la población. Así que, no se sorprenden cuando la mayoría de personas no ve lo que ellos sí ven, ni tiene la disposición a hacer lo que ellos hacen, ni tampoco lo toman a nivel personal. Ellos saben que están buscando personas selectas que integran una pequeña porción de la población. Mira el triángulo a continuación e imagínatelo como un filtro por el que pasa toda la población.

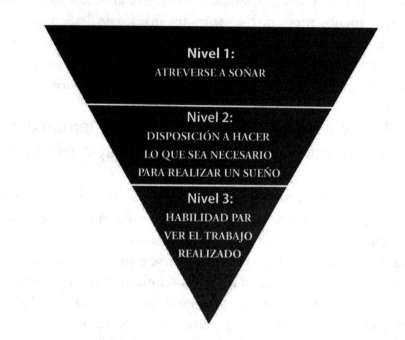

Nivel 1:
ATREVERSE A SOÑAR

Nivel 2:
DISPOSICIÓN A HACER
LO QUE SEA NECESARIO
PARA REALIZAR UN SUEÑO

Nivel 3:
HABILIDAD PAR
VER EL TRABAJO
REALIZADO

¿Qué porcentaje de la población crees que tiene un sueño realmente claro? Ahora, de aquellos que tienen un sueño, ¿cuántos crees que están dispuestos a hacer lo que sea necesario para hacer realidad esos sueños? De quienes han pasado los primeros dos niveles de nuestro filtro, ¿cuántos crees que tienen la disposición a "ver el trabajo finalizado"? Para cuando pasas el tercer estado de nuestro proceso de filtro, te das cuenta de que estamos buscando una pequeña fracción de la población. O, como lo dice Pat Hintze, un hombre que caracteriza todo lo honorable de esta industria:

"Ya es bastante difícil como para tener que desarraigar a todos los que no quieren, ni aprecian el mundo del mercadeo en red".

Entender este proceso de filtro es muy liberador. Es lo que mantiene a los empresarios en un estado de recursividad. Su enfoque ya no está en las personas que rechazan su invitación a cambiar sus vidas, sino en visualizar cómo será algún día tener en su equipo otros treinta representantes motivados, que tengan un sueño, disposición a trabajar duro para hacerlo realidad y la capacidad de ver el trabajo terminado. En su estado de recursos, ellos ven el futuro con una expectativa tan positiva, que apenas sí notan a los que deciden no involucrarse. ¿Dónde estás tú? ¿Estás con los que han dicho o van a decir "sí" a tu invitación? ¿O con los que dicen "no"?

Este proceso de filtro sugiere varios aspectos fascinantes:

❖ Quienes persisten en triunfar en el mundo del mercadeo en red son gente muy especial y merece ser honrada.

❖ La cantidad de personas dispuestas a pasar por los tres estados del proceso de filtrado es tan pequeña que nunca tenemos que preocuparnos por la saturación del mercado en nuestra industria.

❖ Si has hecho el esfuerzo de comprar este libro y leerlo hasta este punto, también tú eres alguien muy especial. El corazón de un emprendedor late en tu interior. Protégelo y mantenlo saludable.

Cómo trabajan los empresarios
Ellos se animan a sí mismos a seguir
haciendo la tarea

Habla con cualquiera de los empresarios con mayores ingresos en el mercadeo en red y pronto descubrirás que todos tienen la ética de trabajo del emprendimiento. Ellos se animan a sí mismos a seguir haciendo la tarea, mientras que otros se inclinan a *dejar* de hacerla.

Con frecuencia, los empresarios exitosos hacen las pequeñas tareas que sostienen el negocio y esa actitud marca una gran diferencia, toda la diferencia. Quizá no les agrade tomar el teléfono para llamar a un cliente potencial, ni hacer una llamada de seguimiento, pero de todas formas lo hacen sin dejar que la incomodidad momentánea los descarrile de seguir sus sueños. Ellos ven y saben lo que quieren en su futuro y hacen hoy todo lo que pueden para convertirlo en realidad.

"No solo tus sueños tienen que brotar
de tu interior, también el deseo,
la disciplina y el impulso".

Los empresarios tienen consigo mismos la misma batalla interna que los demás seres humanos. Solo que ellos ganan la mayoría de ellas. Cuando contactan a sus prospectos, también ellos luchan con las dudas, el temor y la fatiga ocasionales. No disfrutan del hecho de que los demás los malinterpreten. Sus pensamientos y sentimientos son como los de cualquier otra persona en los momentos críticos de decisión. Se debaten consigo mismos respecto a llamar a algún prospecto "en este mismo instante" y no mañana. Lo especial respecto a los empresarios son sus reacciones a esas luchas comunes. Ellos no ceden ante sus sentimientos o pensamientos inmediatos, sacrificando así sus sueños y metas de vida. Mejor se concentran en su meta y en lo que quieren obtener en la vida subyugando sus deseos para evitar cualquier ansiedad que sientan, sometiéndola a sus anhelos de alcanzar sus sueños.

Te contaré en qué debe consistir tu estrategia para seguir en tu tarea para obtener tus propósitos si eres un representante que nunca se ha sentido cómodo haciendo llamadas telefónicas. Cuando tu batalla mental comience, y el temor te tiente a posponer la llamada, hazte estas preguntas: "Si alguien me pagara $500 dólares por hacer esta llamada de un minuto, ¿la haría? Y si por esta llamada recibiera pagos durante los próximos años, ¿la haría?" Esas preguntas te llevarán a mantener presente el cuadro completo, a seguir haciendo la tarea y a persistir más allá de tu desagrado temporal de hacer llamadas telefónicas. No es de extrañar que así te conviertas en uno de los mejores representantes de tu compañía.

Ellos se convierten en su peor jefe

David Jennings es uno de los empresarios con mayores ingresos en su compañía de network marketing. Cuando les enseña a otros sobre su negocio, él suele hablar de ser "el peor jefe que jamás él haya tenido". ¿Qué quiere decir eso? ¿Acaso la gente no ingresa a este negocio precisamente porque no quiere tener un jefe, ni cuotas de cumplimiento de metas, ni nadie que le diga qué hacer? Sin duda que así es. Pero David reconoce que lo mejor respecto al mercadeo en red también puede llegar a convertirse en lo peor, pues algunos, cuando nadie les está diciendo qué hacer, ¡terminan haciendo nada! En el mercadeo en red, el sueño no solo tiene que venir de tu interior, también tienen que brotarte el deseo, la disciplina y el impulso. Un jefe sabio te ayudará a ser productivo y a tener éxito.

En el mundo laboral tradicional, algunas personas sueñan con un jefe fácil de llevar. En el mundo del mercadeo en red y de la zona horaria del emprendimiento, un jefe fácil de llevar te costará tu sueño.

Mi sugerencia es ser rudo contigo mismo y paciente con los demás. Reconoce que en el mercadeo en red tienes lo que querías: tu futuro en tus manos. Pero, mientras aceptas la responsabilidad de desarrollar tu negocio, ten gracia para con los otros representantes. Es posible que sus sueños estén todavía en proceso de desarrollo, su visión esté creciendo y su confianza esté fortaleciéndose. Dales a ellos algo de espacio, pero no te des a ti mismo espacio para excusas.

Los empresarios entienden la necesidad de asociarse con un grupo de referencia positivo

Mientras trabajan, los empresarios suelen tomar tiempo para asociarse con pares que entienden su mundo. ¿Por qué lo hacen? Porque entienden el valor de ese tiempo. Ellos saben que el tiempo invertido con un grupo de referencia positivo los mantendrá...

❖ A la vanguardia del conocimiento

❖ A la vanguardia del entusiasmo

❖ A la vanguardia de la convicción

❖ Concentrados, rindiendo cuentas y haciendo la tarea

Ellos hacen lo que sea necesario para mantenerse en un estado de excelencia. Y el tiempo con otras personas positivas, motivadas y con mentalidad similar es de gran prioridad para ellos. Compara a esos representantes que conoces y se reúnen cada semana, asisten a conferencias y usan un sistema de buzón de voz con aquellos que son llaneros solitarios y pronto notarás porqué los empresarios buscan grupos de referencia positivos.

Todos usan Nike

Los empresarios tienen presentes sus sueños a nivel macro, pero permanecen muy equilibrados en su vida diaria. Ellos ven lo que hay que hacer y luego siguen la filosofía Nike: "¡Solo hazlo!" Ya sea que deban tomar el teléfono, enviar un fax o algún mensaje por correo o hacer cualquier otra tarea, se diferencian a sí mismos por esta sola cualidad. Solo hacen lo que hay que hacer. Producen en lugar de procrastinar. Esta cualidad, por sobre muchas otras, es lo que diferencia a los ganadores de los que "solo desean" serlo.

Ellos toman la sabiduría de Alcohólicos Anónimos, la cual sugiere "dar bien el siguiente paso" y esta filosofía les ayuda a mantener su vida notoriamente simple, concentrada y progresando hacia la realización de sus sueños.

Cuando conoces empresarios que de manera consistente han persistido en su tarea, observas que ellos son muy calmados ante sus logros y triunfos. ¿Por qué? Porque para ellos el éxito fue solo un recorrido que comenzó con una idea que siguieron, dando un paso a la vez. Quienes observan sus logros desde la distancia, ven lo que ellos hicieron como un solo evento, como si hubiesen alcanzado su meta en tan solo un salto vertical súperhumano. Pero para ellos, solo se logró una tarea, un momento, un día a la vez. Ellos saben que el éxito es solo una fusión de esfuerzo incansable y tiempo de calidad. Además, están de acuerdo con la afirmación de Woody Allen: "¡El 80% de la vida solo consiste en llegar!" Pero nosotros los honramos porque, al igual que Cal Ripken, se mantuvieron con la mirada en la meta y fueron llegando a ella sin importar las circunstancias. Se pusieron sus tenis Nike, siguieron haciendo su tarea y dieron bien el siguiente paso.

"Los emprendedores siguen la filosofía Nike:
'¡Solo hazlo!"

Hace poco, llamé a un amigo para ver cómo le fue en su día de oficina, pues como presidente de su compañía, había encabezado una licitación sobre un proyecto, enfrentando una dura competencia. Desarrollar la propuesta de licitación le tomó diez años y le costó $17 millones de dólares. Era un proyecto de $7 mil millones en el que el ganador lo tomaba todo. Yo sabía que ese día iban a anunciar al ganador. ¡En mi mente este no era un día normal en la oficina de mi amigo! Así que le pregunté cómo le había ido y me dijo que habían ganado. Recibió la adjudicación de un contrato de $7 mil millones.

Pero la siguiente parte de nuestra conversación fue la más reveladora. Le pregunté qué harían él y su equipo, y cómo habían celebrado la noticia. (Me preguntaba si habían tomado libre el resto de la tarde, hecho una fiesta o salido a cenar). Dijo: "Abrimos una botella de champaña, brindamos y luego volvimos todos al trabajo". ¿Cómo podían tener tanto éxito y al mismo tiempo ser tan casuales? Para ellos esta no era la celebración de un salto vertical que rompía un récord. Era el momento culminante de una labor de diez años llena de innumerables pasos cortos. Y dar cada paso, uno a la vez, es solo una forma de vida para los emprendedores diligentes.

El éxito tiene un aspecto muy sorprendente y no es lo elusivo, ni lo difícil que es conseguirlo. Tampoco es algo que disfrutan unos pocos afortunados. Por el contrario, *el aspecto más sorprendente del éxito es que es decepcionantemente simple.* Consiste en trazar tus metas, dar bien el siguiente paso y no renunciar.

La idea de ser un empresario es nueva para muchos. Quizás hayan tenido un fugaz deseo de serlo, pero nunca la tomaron en serio. Pero tú no la deseches. Si lo haces, te desechas a ti mismo. Adopta la idea de aprender a pensar y vive como un emprendedor. Date el permiso de aprender a vivir en la zona horaria del emprendimiento. Asóciate con soñadores cuya visión memorará la tuya propia. Practica vivir en un estado de recursividad y ponte tus Nike. Y esta actitud cambiará tu vida.

CAPÍTULO
CINCO

CONFIRMACIÓN DE REALIDAD EN CUANTO A TUS EXPECTATIVAS FINANCIERAS

MERCADEO EN RED. Cuanto más permanezco en este mundo del futuro, más me apasiona. Sin embargo, hay una dimensión que sobresale en cuanto a la vida en este campo del mercadeo en red. De hecho, la encuentro asombrosa: se trata de las expectativas monetarias irrealistas de algunos representantes que se involucran en esta industria. Para algunos, hay una correlación directa entre sus expectativas y la realidad. Tienen poca consciencia de lo que se necesita para hacer realidad un sueño y de lo que se necesita para desarrollar un negocio, cualquiera que sea.

Algunos representantes del mercadeo en red parecen pensar que el éxito financiero debería estar a su alcance sin ningún esfuerzo. Para ellos, el éxito es como tratar de alcanzar un objeto que se encuentra en la repisa superior de un armario. Lo único que necesitan es empinarse por unos segundos, estirar los brazos lo que más pueden y luego sentir el premio en sus manos. El hecho es que en el mercadeo en red, y en cualquier otra meta importante de la vida, la capacidad de alcanzar con nuestras manos lo que vemos a la distancia exige una caminata larga y constante.

Existen muchas compañías de network marketing que son muy lucrativas y que generan millones de dólares. El potencial es real, la verdadera riqueza sí se puede alcanzar y obtener con rapidez, dependiendo de los métodos tradicionales que se usen para generar riquezas. Pero la gran diferencia con la realidad está en lo que algunos creen que se necesita para generarlas. Este potencial se hace real solo para quienes mantienen su concentración, son persistentes y avanzan en la búsqueda de sus metas sin temor.

Hagamos una verificación de realidad y divirtámonos un poco con esto. Apliquemos la evaluación "Sabes que eres un campesino iluso si...", de la escuela de Jeff Foxworthy. Nos llamaremos:

Sabes que debes ajustar tus expectativas financieras si pensaste que:

❖   Generarías riquezas sin ningún esfuerzo.

❖   Desarrollarías este negocio trabajando a tiempo parcial, pero que de inmediato recibirías ingresos de tiempo completo.

❖   Los representantes con mayores ingresos en el mercadeo en red se hicieron ricos por una combinación de suerte y un buen momento, mas no gracias a que trabajaron duro.

❖   Tendrías tu negocio de mercadeo en red, te harías rico y nunca experimentarías una decepción.

❖   La mayoría de tus amigos y familiares se vincularían de inmediato a tu emprendimiento.

❖   Simple era lo mismo que fácil.

❖   La mayoría de estadounidenses tiene un sueño y solo espera el medio correcto para hacerlo realidad.

❖   En este negocio no había curva de aprendizaje.

❖   Cada representante que patrocinaras sería alguien con mucha iniciativa y en capacidad de mantener su propio enfoque.

❖   Harías esto solo y que ni tú, ni tus representantes necesitaban conectarse con el sistema.

❖   Tratarías el mercadeo en red como un pasatiempo menor y que aun así te pagaría como una gran empresa.

❖   Trabajarías en tu negocio de manera esporádica y que aun así obtendrías un crecimiento estable.

❖   Jugarías con tu negocio y que así te funcionaría.

❖   Los fundadores de tu compañía estaban dando dinero en lugar de oportunidades.

❖   Desarrollarías este negocio sin nunca salir de tu zona de comodidad.

❖   Tendrías tu propio negocio multimillonario con solo trabajar unos minutos a la semana.

❖   Obtendrías un ingreso residual importante, pero olvidaste que se requiere de una gran cantidad de tiempo y esfuerzo para desarrollar una organización que tenga profundidad y duplicación.

❖   Harías pequeñas inversiones de esfuerzo en tu negocio y cosecharías a cambio grandes ingresos.

❖   Tu negocio crecería y tú no tendrías que crecer como persona.

❖   El lema "Sin tensión, ni dolor no hay ganancia" solo se aplicaba a las salas de levantamiento de pesas.

❖   Tendrías éxito sin sudar.

❖   No necesitas ser rudo para triunfar.

¿Cómo te fue en la evaluación? Yo, personalmente, reprobé. Al menos, durante los primeros meses del desarrollo de mi negocio. Antes de comenzar en el mercadeo en red, fui muy minucioso en investigar la compañía que había elegido y el futuro de la industria. Y fui muy ingenuo en mis expectativas de lo que se necesitaba para desarrollar mi empresa a tal punto que generara ingresos de seis cifras al mes. En resumen, comencé por no reconocer dos cosas:

1. La primera, que debía invertir una gran cantidad de tiempo y energía en mi negocio si a cambio quería obtener ingresos sustanciales.

2. La segunda, que el retorno que esperaba sobre mi inversión era muy bajo. Mis sueños, expectativas y metas debían mejorar de manera significativa. La oportunidad de participar en una compañía de mercadeo en red de alta calidad es mayor de la que imaginé en un comienzo.

Quizás, al igual que yo, tú estás viendo que desarrollar tu empresa hasta lograr niveles de ingresos significativos es más difícil y requiere de más tiempo del que creíste en un comienzo. Quizás, al igual que yo, no sabías que hay tres etapas en el mercadeo en red. Y es probable que, así como yo, cuando conozcas estas tres etapas, tengas libertad para acomodarte, aceptar la realidad y trabajar duro. Invertir con diligencia en el frente de batalla de tu negocio te dará un retorno de inversión que, literalmente, transforme tu vida en gran manera. Es un trabajo duro. Pero al final, vale la pena todo minuto que le dediques a realizarlo.

Las tres etapas sicológicas del mercadeo en red

Etapa 1: no vale la pena

Etapa 2: vale la pena

Etapa 3: no valgo tanto

Un amigo y yo íbamos en un auto rumbo a una reunión y hablábamos sobre estos tres estados sicológicos del desarrollo de un negocio de mercadeo en red. (Cuando conduces más de 200 millas para hacer una presentación de negocios, tienes mucho tiempo para hablar de algunos temas). Comenzamos a comparar estas etapas con una vieja pregunta que quizá ya hayas escuchado: "¿Preferirías tener un millón de dólares o un centavo que se duplica a diario durante un mes?" Es una pregunta tan común, que ha ido perdiendo su impacto y hemos dejado de prestarle atención a todo su significado. Para entender la magnitud de la pregunta, hicimos la operación matemática. Las cifras nos hicieron recordar porqué debemos mirar al largo plazo en este negocio. Observa:

Un centavo duplicado cada día durante un mes

Etapa 1: La etapa de "¡No vale la pena!"			
Día 1	$0.01	Día 11	$10.24
Día 2	$0.02	Día 12	$20.48
Día 3	$0.04	Día 13	$40.96
Día 4	$0.08	Día 14	$81.92
Día 5	$0.16	Día 15	$163.84
Día 6	$0.32	Día 16	$327.68
Día 7	$0.64	Día 17	$655.36
Día 8	$1.28	Día 18	$1.310,72
Día 9	$2.56	Día 19	$2.621,44
Día 10	$5.12		
Etapa 2: La etapa de "¡Vale la pena!"			
Día 20	$5.242,88	Día 23	$41.943,04

Día 21	$10.485,76	Día 24	$83.886,08
Día 22	$20.971,52		
Etapa 3: La etapa de "¡No valgo tanto!"			
Día 25	$167.772,16	Día 29	$2.684.354,56
Día 26	$335,544,32	Día 30	$5.368.709,12
Día 27	$671.088.64	Día 31	$10.737.418,24
Día 28	$1.342.177,28		

Las tres etapas sicológicas de desarrollar un negocio de mercadeo en red

Mira con atención esta gráfica. Es muy ilustrativa respecto a cómo es desarrollar un negocio de mercadeo en red. Hay tres etapas diferentes que debemos recorrer. No llegaremos a la tercera etapa sin haber pasado por la segunda, ni llegaremos a la segunda sin pasar tiempo y hacer nuestra parte en ella. No hay atajos. Los representantes superarán estas etapas a velocidades diferentes, pero sin duda, pasan por cada una de ellas sin evitarlas. Ninguno de los triunfadores que está en la cima de ingresos en la industria del mercadeo en red logró pasar de largo por estas etapas. No hay excepciones.

La vida en la Etapa 1

Es inevitable que aquellos representantes que se encuentran en la Etapa 1 y son serios en procurar desarrollar su negocio tengan momentos en los que piensen: "No vale la pena". Observa el día 7 de la gráfica. Ni siquiera se han llegado a ganar $1 por día; y en el día 14 las ganancias ni siquiera son de $100. Si ese fuera el salario inmediato de un representante, comprenderás por qué es tanta la tentación a renunciar. Y si estos días representaran semanas o meses, en lugar de días, sabrás por qué sería aún más tentador renunciar.

¿Quién, después de trabajar duro durante diecisiete meses, se sentiría satisfecho con una recompensa de $655? Nadie. Los representantes del network marketing no avanzan en la Etapa 1 porque se sienten satisfechos. Lo hacen porque tienen un sueño. Viven en la zona horaria del emprendimiento con visión de 2/100 o 2/1.000. Ellos tienen la capacidad de ver a la vuelta de la esquina. Su asociación con un grupo de referencia positivo los sostiene mientras esperan que sus anhelos se hagan realidad.

Un error común

El error más común que los representantes cometen en la Etapa 1 es juzgar su efectividad mediante ingresos lineales. Vuelven a la zona horaria burocrática. Luego, como ya lo hemos observado, comienzan a buscar una correlación directa con la cantidad de tiempo trabajado y los ingresos recibidos. Y cuando no ven un cheque que se ajusta a sus expectativas, entonces renuncian. La única manera de disfrutar de la Etapa 1 y superarla es seguir viviendo en la zona horaria del emprendimiento. Si vas a mantener tu motivación en el presente, mientras esperas que los ingresos se tornen serios en el futuro, debes entender el poder y la genialidad del mercadeo en red.

*"En el mercadeo en red los empresarios reciben
pago por su visión, valor y ánimo".*

Es importante entender cómo funciona la compensación en tu
compañía en particular. Tu motivación debe basarse en metas realistas y luego necesitas estar dispuesto a hacer lo que sea necesario
para alcanzar el nivel de compensación que desees. Hay una gran
diferencia entre esperar llegar a la Etapa 2 y a la Etapa 3 de un negocio de mercadeo en red con la decisión, mentalidad y ética laboral de un empresario, frente a ver las mismas cifras como un deseo
distante sin la disposición de convertirlas en una meta alcanzable.

Algunos representantes ingresan al mercadeo en red como si
este fuese un sencillo baile en fila de dos pasos. En el Paso 1, cada
participante nuevo le envía un cheque a la compañía de mercadeo
en red de su elección. En el Paso 2, la compañía elegida les envía
cada mes a los participantes, cheques cada vez más grandes.

De hecho, el mercadeo en red es un baile de tres pasos. El
primero es cuando los participantes comienzan a afiliarse a una
compañía. El tercero es cuando la compañía comienza a enviarles
cheques a los participantes. Y entre esos dos pasos sencillos hay
otro que es el más difícil y el menos atractivo. Se llama esfuerzo
de trabajo constante. Concéntrate. Mientras no aceptes este paso,
te será difícil ser paciente con respecto al desarrollo de tu negocio
en la primera etapa.

Debo admitir que ajustarme a la realidad de la Etapa 1 fue una
gran transición para mí. En mi carrera profesional, la gente me
busca. Son mis clientes quienes inician el contacto, me llaman y
pagan. Estoy acostumbrado a que presidentes de corporaciones y
miembros del congreso me llamen para hacer una cita o para in-
vitarme como orador. Así ha sido por veinte años y me gusta que
así sea. Ahora, para aprovechar esta oportunidad de mercadeo en

red, soy yo el que debe iniciar haciendo las llamadas, soy yo el que debe avanzar, soy yo el que hace lo que sea necesario para desarrollar una empresa próspera. No fue un ajuste pequeño, pero valió la pena hacerlo. Y sé que no estoy solo. Por ejemplo, cualquiera que haya superado la Etapa 1 sabe por experiencia cómo es:

❖ Viajar a otra ciudad para hacer una reunión y encontrar que no hay invitados nuevos.

❖ Tener un trabajo regular y luego subir al auto, conducir 250 millas para llegar a una reunión donde no hay clientes potenciales nuevos.

❖ Organizar una reunión de presentación de negocios o una comida con alguien para hablar sobre la empresa y que esta persona no llegue. Y que ni siquiera llame para cancelar.

❖ Dedicar tiempo valioso, energía o dinero para ir a una reunión que termina siendo una total pérdida de tiempo.

❖ Inscribir a un nuevo representante que tiene mucho talento, pero que luego no hace nada.

Todo esto hace parte de la realidad de la Etapa 1 y no hay manera de evitarlo. ¿Alguien disfruta esta dimensión del negocio? No, si es normal. ¿Entonces, cómo la superan? Por lo general, los representantes hacen dos cosas, incluso si no son conscientes de ellas: aceptan estas circunstancias difíciles como un aspecto inevitable de este negocio y aplican muchos de los conceptos que hemos mencionado hasta este punto del libro. estas dos actitudes les permiten mantener la concentración y el compromiso mientras van en busca de las Etapas 2 y 3.

En busca del oro de los tontos

Lo que encuentro muy divertido respecto a los representantes vinculados al mercadeo en red es lo que ellos hacen cuando obtienen una prueba de cómo es la vida en la Etapa 1. Tan pronto como la situación se vuelve difícil, muchos renuncian o salen a buscar un "nuevo trato". Quienes buscan un trato nuevo, mejor o más fácil, buscan el oro de los tontos. Viven con la mitología de que obtendrán algo de nada. Y pareciera que existe un incesante flujo de "oportunidades" de mercadeo en red que van tras la presa de aquellos que no saben mucho sobre lo que se necesita para desarrollar un negocio. Quedan engañados creyendo que el "siguiente" trato les permitirá superar la Etapa 1. Como si estuviesen jugando Monopolio, siguen esperando algo que diga: "Ve de inmediato a 'avanza' y toma $200 dólares". Eso puede suceder en los juegos de mesa, pero rara vez sucede en el juego de la vida. El mercadeo en red es una invitación a desarrollar una empresa y a aprovechar las utilidades de la industria a la que esté afiliada tu compañía en particular. No es una invitación a jugar la lotería, ni a una carrera de caballos.

Quienes ingresan al mercadeo en red con algunas expectativas ingenuas, como fue mi caso, tienen dos opciones: adaptarse o renunciar. Y cualquiera que sea su decisión, la consecuencia de cada elección será muy determinante.

Yo ya hice la mía. Voy rumbo a la Etapa 3. Pero si hubiese conocido los temas de los que hemos hablado hasta este punto, habría reducido mi confusión y aumentado mi determinación en aquellos momentos que no eran tan emocionantes.

Principios fundamentales para el éxito

Revisemos con brevedad algunos de los principios fundamentales para desarrollar nuestro negocio. Los principios constituyen la brújula que nos da dirección cuando estamos perdidos en la niebla de la Etapa 1.

❖ Los tres principios del mercadeo en red son esfuerzo consistente, duplicación y "darle suficiente tiempo" al negocio. Estos nos recuerdan que hay que trabajar sin parar, replicar nuestros esfuerzos y ser pacientes.

❖ Mi madre dijo que habría días como este. Deja de luchar contra la realidad. Acéptala. Sigue haciendo la tarea.

❖ Esta es una maratón, no una carrera de 100 metros planos. Es por esto que un caballo de carga es mejor que un caballo de carreras.

❖ El éxito en el mercadeo en red consiste más en tenacidad que en talento. No importa lo que suceda, no renuncies.

❖ Las riquezas vienen de la profundidad. La profundidad viene de la duplicación. La duplicación viene de tener un sistema. Mantén simple el sistema. Las riquezas no son algo accidental.

❖ Mide el tiempo en el negocio como un piloto: horas voladas. El que más presentaciones de negocio haga, gana.

❖ Mantente en un estado de recursividad; olvida el estado de problema. Deja que la certeza del éxito futuro de gozo, vigor y confianza te motive hoy.

❖ Sé tu propio peor jefe. Asóciate con un grupo de referencia positivo.

Quizá quieras tomar nota de esta página en tu libro. Cuando alguien con quien estés trabajando, esté dando a entender que este negocio "no vale la pena", los principios anteriores serán una buena verificación de realidad.

Etapa 2: ¡Vale la pena!

Quienes desarrollen su empresa de manera consistente y efectiva llegarán a la Etapa 2. Este es el punto en el que los representantes comienzan a sentir que el retorno financiero que reciben ha hecho que todo su trabajo valga la pena. Sus negocios ya están generando ingresos a un nivel que encuentran aceptable. Este nivel de ingresos varía de un representante a otro. Pero las recompensas físicas y sicológicas son similares. Hay una creciente sensación de seguridad, impulso y crecimiento. La esperanza ahora pasa a ser una certeza y la duda resulta remplazada por una creciente determinación. La visión es mayor, la tarea es más fácil y el trabajo es más rentable y se disfruta.

Solo hay una advertencia que les haría a los representantes que están en la Etapa 2: no bajen la marcha. Muchos comienzan a confundir el impulso inicial con la masa crítica y estos dos movimientos no tienen ninguna relación. El impulso inicial sigue siendo frágil y es necesario sostenerlo, administrarlo y alimentarlo. Por otro lado, la masa crítica es el punto en la física en el que ya no se necesita energía externa para sostener una reacción. En los negocios es peligroso asumir siempre que se ha alcanzado el punto de masa crítica.

Muchos representantes que alcanzan un nuevo nivel de liderazgo se ven tentados a bajar la marcha y dejan que los representantes por debajo de su línea les generen crecimiento y riquezas. Comienzan a gestionar sus equipos en lugar de seguir haciendo las mismas tareas que los llevaron al éxito, que es mantenerse en lo básico y simple y hacerles presentaciones de negocios a la mayor cantidad posible de prospectos. En otras palabras, olvidan la ley de sembrar y cosechar. Comienzan a sembrar menos y luego se asombran cuando su cosecha no es abundante. La razón por la cual conozco este error es porque yo mismo lo he cometido.

Etapa 3: ¡No valgo tanto!

No tengo nada que decirles a los representantes que están en la Etapa 3. Todavía no estoy ahí. Y para quienes la han alcanzado, solo les doy mis respetos y honor. Soy su aprendiz. No voy a presumir que puedo enseñarles.

Por último, quisiera aclara una cosa. La descripción que usé para la Etapa 3, "¡No valgo tanto!" es una afirmación que representa lo que piensan muchos empresarios que han alcanzado el éxito. Refleja su humildad y sorpresa ante la cantidad de dinero que es posible ganar en una empresa de mercadeo en red. Pero en términos prácticos, no estoy de acuerdo con esa frase. Los empresarios del mercadeo en red, sin importar las asombrosas sumas de dinero que haya en el futuro, valen cada dólar. Si dudas de esto cuando llegas allí, ya no estás pensando según la zona horaria del emprendimiento, sino que de nuevo estás pensando en el tiempo lineal: "Trabaja una hora y obtén el pago de una hora".

Dado que muchos representantes de la industria del mercadeo en red están comenzando a ganar millones de dólares al año (y algunos, millones de dólares al mes), ¿cómo puedo decir que valen todo esto? Los empresarios no reciben su pago según las horas de su productividad, sino por su visión, valor y ánimo. Por estar dispuestos a hacer lo que otros no harían. Sus ingresos provienen de su capacidad para menospreciar el temor, ignorar la fatiga, luchar contra la soledad, persistir en medio del desánimo y caminar por fe. Provienen de arriesgar sus sueños, su vida y su seguridad. Y solo quienes han estado ahí entienden que ser un empresario es un acto de cuerda floja sin red de seguridad. Ellos son héroes modernos que merecen todo lo que surja en su camino. Me quito el sombrero ante ellos.

PARTE DOS

El lado sicológico del éxito

CAPÍTULO
SEIS

EL ÚLTIMO BASTIÓN
DE LA DUDA: EL YO

RODEADO POR EL DESORDEN y mezcla ecléctica de basura muy común en las tiendas de antigüedades, el jarrón estaba casi perdido en la mesa. El polvo y la suciedad sugerían que había estado ahí por mucho tiempo; no tenía brillo, ni ninguna belleza aparente, así como ningún indicio de singularidad o valor excepcional. Así que permaneció en la mesa, sin atraer una segunda mirada de parte de la infinidad de compradores.

Al fin, una mujer rubia y alta, con aire de aristócrata, se detuvo, miro el jarrón y lo tomó. Se preguntó si el intrincado diseño sería más evidente al limpiarlo. Mirando primero a la derecha y luego a la izquierda, con discreción lamió su dedo y comenzó a frotar el jarrón. Incluso bajo la poca luz de la tienda de antigüedades, notó suficiente mejoría como para tener la esperanza de que pudiera limpiarse muy bien. Así que le pagó $3 dólares al propietario y se marchó con su compra. Cuando llegó a casa comenzó a limpiarlo.

Se sentó asombrada y en silencio conforme emergía la belleza escondida de aquel jarrón. Su diseño, elaboración y color eran exquisitos. Curiosa respecto a lo que había encontrado, llevó el jarrón donde un experto. Tras un breve estudio, el tasador de artes le dijo que el jarrón había pertenecido a los zares de Rusia y estableció su valor en $50.000 dólares.

Esta historia se repite todos los días. Objetos de gran valor y belleza son pasados por alto y subvalorados. Pero esto no se limita al mundo de los jarrones. También sucede muy a menudo en el mundo de los vasos... los vasos humanos. Una de las tragedias silenciosas en la vida diaria es la cantidad de personas que se descartan a sí mismas como jugadoras del juego de la vida. En el mercadeo en red esto quiere decir que hay un área final de duda que todos debemos enfrentar. Y es lo que creemos de nosotros mismos.

Lo que más importa

No importa cuánta confianza intelectual tenga un representante respecto a que el mercadeo en red se está convirtiendo en un medio principal de operaciones de negocios. Tampoco importa cuánta convicción tenga él respecto a alguna compañía de mercadeo en red en particular. Y tampoco importa cuán apasionado esté respecto al potencial de compensación o a la calidad de los productos o servicios que él provee. Si lo que cree de sí mismo está lleno de inseguridades y negativismo, entonces este sistema de creencias superará en rango y eclipsará toda su confianza, convicción y pasión. De hecho, esta forma de pensar impedirá que muchos soñadores incluso ingresen al mundo del mercadeo en red.

También es posible que otros comiencen, pero el peso de sus inseguridades los refrenará. Para ellos es como tratar de conducir un auto con el freno de estacionamiento activado, puesto que reconocen que el mercadeo en red es un medio que, literalmente, tiene el potencial de cambiar su vida y su futuro financiero, pero el constante freno de la inseguridad les impide conducir sus negocios con libertad.

Ellos quieren avanzar; creen en el negocio; ven el potencial y son sinceros en su intento de seguir adelante, pero, en algún momento, la fatiga de llevar su sistema de creencias a su empresa termina agotándolos. Así que van bajando la marcha. Dejan de avanzar. Descansan y, de inmediato, el alivio del descanso resulta mucho más agradable que la lucha de llevar a cuestas el peso constante de la inseguridad. De modo que "estacionan" su vehículo de la oportunidad. Se descalifican a sí mismos de la carrera de la vida y se acomodan para ser espectadores.

Quienes hacen esto me dan tristeza. Su defectuoso sistema de creencias les imposibilita tener éxito y aumenta sus probabilidades de fracaso. Quedan atrapados en los repetitivos patrones de escape, inicios en falso y metas fallidas. Estos errores, a su vez, solo les dan una mayor base de datos de evidencia histórica que respalda su inicial y equivocado sistema de creencias. Lo paradójico es que llegan a tener seguridad en lo que creen y en que no tienen derecho a vivir la vida con confianza. Se sienten más seguros que nunca de que no tienen el derecho, ni las cualidades, ni las probabilidades para triunfar en algún momento del camino. Así que, en lugar de vivir atentos a sus sueños y a la realización de ellos, terminan por despreocuparse de su existencia. Comienzan a olvidarse de sus ilusiones más grandes y a perder la esperanza. Deciden "aceptar su parte en la vida" y ceden a sus circunstancias presentes.

He visto a muchos representantes hacer eso. Deciden lo que van a hacer en la vida, pero asegurándose de que no les exija salirse de los límites de su zona de comodidad, ni de su sistema de creencias. Son como un perro entrenado para quedarse dentro de un patio que no tiene cercas. No importa lo que suceda, el perro no se va a salir del perímetro de su patio. Puede ver el mundo más allá e incluso puede verse tentado a experimentarlo, pero, al final, seguirá dentro de los confines del patio. Sin lugar a duda cree que ir más allá de los límites conocidos será algo inseguro, nada sabio o inaceptable. Esto está bien para el mundo de los perros. Sin embargo, en el mundo de los seres humanos es algo trágico. Muchos viven cercados y confinados dentro de los pequeños límites de sus creencias. Ellos ven un mundo de oportunidades ilimitadas "por allá", pero nunca se dan el permiso de involucrarse en nada que les represente salisrse de su zona de confort.

Hace poco, vi una vívida demostración de lo limitante que llega a ser la inseguridad. Vi a un pequeño grupo de personas que escuchó una excelente presentación de una compañía de mercadeo en red en una casa de familia. Cuando el orador terminó, un caballero habló y dijo: "Me gusta todo lo que he visto, pero hay un problema. He identificado el eslabón más débil en la cadena y ese soy yo. No hay razón para que alguien me escuche a mí".

"Nuestras creencias básicas son el epicentro de donde fluyen nuestros pensamientos, comportamientos y emociones".

De inmediato, sentí tristeza por aquel valioso hombre que vivía con convicciones tan limitantes, pero respeté su valor y honestidad para hablar de forma tan directa. El último bastión de la inseguridad... el yo, había cobrado otra víctima. Su vida estaba en un cruce de caminos. Él se detuvo a considerar una nueva oportunidad basado en sus viejas creencias, pero estas le impidieron aprovecharla. Él no lo sabe, pero sus creencias harán que él permanezca viviendo en una calle sin salida.

Todos tenemos una cosmovisión única y una percepción respecto a nuestro lugar en el mundo, y esas percepciones las traeremos al mercadeo en red. Las viejas creencias, expectativas y actitudes las traemos de forma directa a la compañía con la que nos afiliamos. Para aquellos que se descalifican a sí mismos como simples vasos de $3 dólares, el aspecto más difícil de desarrollar sus negocios no es conocer su compañía y la estructura de compensación, sino asegurarse de que sus viejas creencias, actitudes y hábitos no contaminen sus nuevas oportunidades. Para estas personas, traer a sus negocios de mercadeo en red su vieja mentalidad de creencias negativas y erróneas envenena sus posibilidades de éxito, así como ha envenenado o envenenará cualquier otra oportunidad que se exponga a dicha manera de pensar.

(Mantén en perspectiva que todos tenemos momentos de inseguridad. Es posible que dudemos de nosotros mismos, de nuestro ánimo, de nuestras habilidades, de nuestro equipo, de nuestra confianza en el mercadeo en red, de nuestra compañía, etc. Estas dudas temporales son normales y está bien que se presenten. Lo importante respecto a los momentos de duda es su frecuencia, duración e intensidad. Hay una diferencia significativa entre un breve pensamiento pasajero y una mentalidad o sistema de creencias atrincherado, adoptado y aplicado).

Cómo descubrir nuestro sistema de creencias

Cuando alguien comienza a explorar su sistema de creencias, necesita un punto de partida. Considero que es importante prestarles atención a muchas preguntas relacionadas:

1. ¿Qué creo?

2. ¿Por cuánto tiempo he estado creyéndolo?

3. ¿Cómo se instauró esta idea en mi forma de pensar?

4. ¿Lo que creo es verdad, acertado y útil?

5. ¿Qué impacto tendrá esta creencia en mi vida si no la cambio?

¿Cómo ponen la mermelada dentro de la dona?

¿Cuándo fue la última vez que comiste una dona llena de mermelada? Cuando era niño, disfrutaba mucho comiendo donas llenas de mermelada. Solía preguntarme: "¿Cómo les introdujeron la mermelada?" Ahora que soy adulto, me pregunto cómo era posible comerme tantas donas de una sola vez. Nuestras creencias son como donas llenas da mermelada. Debemos explorar lo que creemos y *cómo nuestras creencias llegaron a nuestro interior.*

Explorar estos dos componentes de nuestras creencias es algo muy útil. También determina nuestro futuro en el mercadeo en red y revela por qué pensamos, vivimos y nos comportamos como lo hacemos hoy. ¿Por qué sucede esto? Porque nuestras creencias básicas son la constitución por la cual nos regimos, la máxima ley de nuestro territorio. En términos de aviación, son el plan de vuelo que se completa al comienzo de cada destino que hayamos determinado. En terminología de juegos de cartas, nuestras creencias son la carta de triunfo definitiva. Son las que derrotan cualquier circunstancia que se levante contra ellas. Por eso, en los círculos del mercadeo en red a veces escucharás que "el negocio de una persona nunca superará su propia autoimagen".

El punto es claro: nuestras creencias básicas son el epicentro de donde fluyen nuestros pensamientos, comportamientos y emociones. Cuando alguien comienza a darse permiso de explorar su sistema de creencias, entonces comienza a hacerse cargo de su vida. La razón es sencilla: o aprendes a capturar tus pensamientos o tus pensamientos te capturarán a ti.

Permíteme reiterar una vez más el papel y poder de los sistemas de creencias. En la vida, así como en el mundo del mercadeo en red, muchas personas nunca sienten la libertad de aprovechar oportunidades extraordinarias porque *permanecen cautivas en sus propios pensamientos erróneos.* Sus creencias controlan sus comportamientos; sus actitudes determinan sus acciones. El contenido de sus pensamientos determina la calidad y la conducta de sus vidas. La vieja premisa que afirma que "las ideas tienen consecuencias" es cierta.

CREENCIAS → COMPORTAMIENTO

ACTITUDES → ACCIONES

CONTENIDO DE PENSAMIENTO → CONDUCTA DE VIDA

La calidad de los pensamientos impacta la calidad de vida

Cómo prestarles atención a nuestras propias creencias

La mayoría de personas vive sin cuestionar sus creencias esenciales. Quizá sepan qué es lo que creen, pero nunca han reflexionado *por qué* lo creen. No saben con precisión *cuándo* comenzaron a creerlo, ni se preguntan si *lo que* creen es verdad. En otras palabras, no tienen ni idea de cómo llegó la mermelada a la dona. Esto quiere decir que muchos no tienen consciencia de *cómo* sus creencias llegaron a su mente.

Y es entendible, pues la mayoría de personas ha vivido con sus creencias por tanto tiempo, que ya ni siquiera las notan. Sus patrones de pensamiento están tan engranados y son tan familiares, que se han convertido en formas de pensamiento reflexivas. Sus mentes están ajustadas como si estuvieran en piloto automático y no necesitan examinar los pensamientos que pasan por las pantallas del radar de su mente.

Consideremos una sencilla ilustración para demostrar cómo hacemos esto. ¿Alguna vez has pasado un día en la playa en el área de un hotel? Por lo general, hay un pequeño avión volando de un lado a otro frente a la playa, llevando un anuncio que dice algo como "Coma en Larry's Steakhouse". La primera vez, dejamos lo que estamos haciendo y nos esforzamos por leer el anuncio. Pero tiempo después, cuando nos familiarizamos con la imagen del avión y su anuncio, ya no le prestamos atención.

Esto es lo que todos hacemos con nuestros pensamientos. Lo que pensamos de nosotros mismos, la vida y el mundo ha estado flotando, pasando por la pantalla de nuestra mente tantas veces, que ya no le prestamos atención. Lo damos por hecho y seguimos adelante con nuestro negocio. Esta casual indiferencia ante lo que pensamos, será útil cuando nuestros patrones sean saludables y acertados. Pero cuando lo que pensamos se distorsiona en alguna área vital de la vida, necesitamos contar con la habilidad de controlar nuestros pensamientos, antes que ellos nos controlen a nosotros. De otra forma, como un virus en un programa de computadora, un pensamiento nocivo terminará por afectar nuestra capacidad de procesar y reaccionar ante la vida con eficacia.

"O aprendes a capturar tus pensamientos o
tus pensamientos te capturarán a ti".

Prestarles atención a nuestros pensamientos y sistemas de creencias mejorará en gran medida el desarrollo de nuestros negocios. Para hacer esto posible, debemos prestarles atención a los pensamientos que todo el tiempo flotan en la pantalla de nuestra mente. Debemos entrenarnos para ser buenos oyentes de nuestras conversaciones internas. En resumen, debemos detectar y evaluar la precisión y utilidad de esos pensamientos que se han vuelto tan familiares y que se deslizan "por fuera del radar". Esto es porque, como ya lo mencioné, o aprendemos a controlar nuestros pensamientos o ellos nos controlarán a nosotros.

Ajusta el volumen del audio

La mayoría de personas nunca aprendió a prestarles atención a sus pensamientos y sistemas de creencias, pero estos son relativamente fáciles de detectar porque los expresamos todo el tiempo. En la privacidad de nuestra propia mente, por medio de nuestros diálogos solitarios e internos. (Por lo general, a una velocidad de 700 palabras por minuto).

Para entender mejor este proceso, imagina que la mente es un audio que siempre está sonando. Nuestras creencias están grabadas en ese audio y siempre están sonando sin cesar. Sin embargo, el volumen de esa cinta es muy bajo y para escucharla debemos escuchar con mucha atención. Cuando aprendemos a hacer esto, es más fácil "escuchar" lo que hay en la cinta. Así sabremos lo que nos decimos a nosotros mismos y este hecho nos pondrá en posición de evaluar la veracidad y el impacto de nuestras propias creencias.

Aprende a escuchar a hurtadillas lo que hay en tu propia mente. Te asombrará lo que sueles *pensar, sentir y decirte a ti mismo.* ¿Tus pensamientos alimentan el fuego de tu confianza o apagan tu motivación y valentía? ¿Te inspiran a creer en ti mismo en lugar de intentar nuevos desafíos? ¿O te impulsan a salir y no involucrarte con todo lo que esté por fuera de tu zona de comodidad? ¿Tus pensamientos más influyentes te susurran o te gritan? Algunas personas deben subirle el volumen del audio a sus mentes y otras necesitan bajarlo.

Las siguientes son algunas cosas que debes escuchar en el audio que suena en tu mente.

¿Lo que me digo a mí mismo...

– es útil?

– es positivo?

– es constructivo?

– es motivante?

– es amable?

– es inspirador?

¿Esto genera...

– autoconfianza?

– optimismo?

– deleite?

– perseverancia?

– fortaleza personal?

– esperanza?

– confianza en mí mismo y en mi negocio?

– risa?

– libertad para triunfar?

– libertad para fracasar?

– libertad para intentar cosas nuevas?

– libertad para aprender cosas nuevas?

- libertad para expresarme?

- libertad para soñar?

- libertad para arriesgarme a nuevos comportamientos?

- libertad para liderar?

- libertad para servir?

- libertad para desarrollar mi negocio?

Al considerar la lista anterior, ¿qué clase de cosas te dices a ti o dices de ti mismo? ¿Qué pensamientos quieres conservar y cuáles te impiden crecer? ¿Logras identificar cuándo estos pensamientos se "instalaron" o quedaron grabados en tu audio? ¿Sabes cuál es la fuente de esos pensamientos? (Con práctica, muchos pueden, literalmente, escuchar la voz, el volumen y el tono de la persona que en un comienzo les instaló el pensamiento que llegó a quedar grabado como una norma de vida).

Egos frágiles y melocotones magullados

¿Recuerdas lo que a muchos nos enseñaron cuando éramos niños con respecto a lo que debíamos decir cuando otros niños nos trataran mal? Solíamos responder: "Podrás romperme mis huesos a punta de palos y piedras, pero no lograrás que ningún apodo me haga daño". Parecería ser un tierno recuerdo de niños, pero, por desgracia, no lo es. Las palabras tienen gran poder para darle forma, éxito o fracaso a una vida. No es de extrañar que el escritor de Proverbios escribió: "La muerte y la vida están en el poder de la lengua y quienes la aman comerán de sus frutos". Él también escribió: "Panal de miel son los dichos tiernos; son suavidad para el alma y como medicina para los huesos".

Lo que otros nos dicen o hablan de nosotros suele ser de mucha influencia sobre nuestra vida. Es por esto que Bob Torsey, un carismático entrenador en una compañía de network marketing, enseña que todos tenemos un ego frágil. En broma, él nos recuerda que nuestro ego es como los melocotones. Si golpeas un melocotón, después de pocas horas se verá magullado. Al vivir la vida, y en el desarrollo de nuestros negocios, todos terminaremos con magulladuras. Esta es una parte inevitable de la vida en el mundo real.

Si has de prosperar mientras desarrollas tu negocio de network marketing, debes llegar a ser lo suficientemente rudo como para soportar los golpes que otros te den. Pero también debes asegurarte de no causarte heridas tú mismo. ¿Qué clase de cosas te *dices* a ti mismo? ¿Estos pensamientos y palabras aportan vida, salud, vigor y determinación? ¿O son palabras de muerte que te dejan lastimado y desmotivado?

Me asombra la cantidad de adultos que han madurado lo suficiente como para expresar palabras de gracia y amabilidad para con los demás, *pero nunca han aprendido a hacerlo también con sigo mismos.* No se tienen compasión, ni se dan ningún voto de confianza, ni se aceptan un margen de error y esperan ser perfectos en todo lo que hacen. Y cuando se lleva al extremo, esta exigente conversación interna resulta ser contraproducente, pues impide que las personas triunfen o, si triunfan, nunca tienen la libertad de disfrutar su propio éxito.

¡Debes ser fuerte a nivel mental!

Para desarrollar un negocio es muy importante que quienes sueñan con ser empresarios sepan controlar lo que ellos hablan consigo mismos, ya que este aspecto afecta cómo ellos manejan la presión y el conflicto, dado que su actitud ejerce influencia sobre cómo ellos responden a las adversidades y al fracaso. Además, juega un papel importante sobre cómo manejan el éxito, la notoriedad, el liderazgo, la oratoria y la administración de su negocio. En resumen, ningún aspecto de sus negocios quedará exento del poder que tiene su conversación interna.

Es por esto que los representantes vinculados al mercadeo en red deben aprender a ser resistentes a nivel mental. Necesitan contar con la capacidad de mantener la concentración, seguir haciendo la tarea y no tener ningún temor, sin importar lo que suceda a su alrededor. *Creo que este es el aspecto más importante y más difícil en el desarrollo de cualquier empresa, en especial, una de mercadeo en red.* En esos inevitables momentos, cuando la gente se ve tentada a dudar, renunciar o buscar el camino fácil, la claridad en sus pensamientos y la resistencia mental es lo que puede impulsar a cada uno a seguir adelante y le permite seguir trabajando, soñando y creyendo. Le ayuda a perseverar y permanecer anclado a sus sueños y objetivos. Por último, le permite ignorar la cacofonía de otros pensamientos que se mofan de él para que renuncie a sus sueños y deje atrás la tonta ilusión de poder desarrollar un negocio exitoso de mercadeo en red.

Esta capacidad de mantener la concentración, la resistencia y la confianza mental es más importante en las primeras etapas al comenzar un negocio. Todo lo que nos hace seguir adelante en el comienzo es el poder de una idea y la esperanza de éxito. En un comienzo, no tenemos una "prueba" tangible para asegurarles a otros y asegurarnos a nosotros mismos que este emprendimiento sí va a funcionar. Es una temporada en la vida en la que debemos caminar por fe y no por vista. Cuando los emprendedores aprenden a vivir en la zona horaria del emprendimiento llegan a aceptar esta ambigüedad e incluso les emociona. Su capacidad de "ver" el futuro les da confianza en el presente. Pero cuando la conversación con ellos mismos insiste en inseguridad, falta de confianza y precaución, se vuelven susceptibles a convencerse de no seguir tras su propio éxito. Así mismo, quienes quieren que la vida sea predecible, ajustada a un guion y con una mínima cantidad de incertidumbre, serán los más tentados a renunciar y volver a caer en la vida cotidiana que conocen con sus bajos niveles de incertidumbre y estrés... pero sin esperanza de cambio, ni de éxito, ni de logros.

Consejos para desarrollar resistencia mental

Una característica en común entre los hombres y mujeres del mundo del mercadeo en red es que ellos mantienen la concentración y son resistentes a nivel mental, y que aceptan la responsabilidad de administrar su propia mente. Por tal razón, para ellos leer, escuchar audios de calidad y asociarse con colegas con el mismo objetivo es una forma natural de vida. Al saber que las ideas tienen consecuencias, hacen lo que sea necesario para asegurarse de que:

1. Su visión sea clara

2. Su motivación parmanezca a un nivel alto

3. Sus habilidades no dejen de mejorar

Para los recién llegados, los veteranos del mercadeo en red suelen parecerles demasiado absortos en su negocio. Parece que siempre están leyendo sobre el tema, escuchando audios motivacionales y asistiendo a reuniones. Sin embargo, lo que sucede en realidad es que los veteranos entienden a este punto que los sueños, el valor y la motivación requieren de cuidado, como aquel que se le proporciona a un jardín. Ellos saben que la mente es el terreno en el que se siembran los pensamientos. Son conscientes de que ahí está el semillero de donde brota la vida. Por esa razón, están comprometidos con el hecho de proteger el terreno de su mente y sembrar pensamientos saludables. De esa manera, lo que se desarrolla con el tiempo es un ser humano que ha florecido, un negocio en crecimiento y muchas otras vidas a su alrededor que fueron cambiadas. Este es el gran poder y el gozo del mercadeo en red que suele pasar desapercibido.

¿Y qué de ti?

Hemos usado muchas ilustraciones en este capítulo. Permíteme repasarlas:

❖   Vasijas y vasos pasados por alto y subvalorados.

❖   Inseguridad que frena a los empresarios y a los representantes, como si condujeran un auto con el freno de estacionamiento activado.

❖   Perros y seres humanos cercados dentro de las limitaciones imaginarias de sus propias percepciones respecto al mundo y su lugar en él.

❖   Creencias internas, como la mermelada en una dona, que ejercen profunda influencia en el sentido de valor y potencial de una persona.

❖   Un avión remolcando un anuncio que representa pensamientos que flotan por la pantalla de nuestra mente.

❖   Audios que no dejan de sonar, ilustrando cómo nuestras creencias no dejan de expresarse, incluso si ya no las percibimos de manera consciente.

❖   Egos que se lastiman como melocotones.

❖   Tierra y jardines que necesitan ser sembrados y cuidados.

Al considerar tu vida ¿cuáles son algunas de tus creencias? ¿Qué tipo de lugar crees que es el mundo? ¿Cuál piensas que sea tu función dentro de él? ¿Sientes que tienes el derecho a ser un jugador en el juego de la vida en lugar de ser solo un espectador? ¿Te consideras capaz de triunfar en la industria del mercadeo en red? ¿Sabes darte permiso para arriesgarte a nuevos emprendimientos e intentar nuevas áreas de crecimiento y logro? ¿Reconoces que el involucrarte en el mercadeo en red no es solo una invitación a desarrollar un negocio y obtener unos ingresos, sino que es, de hecho, una invitación a asumir responsabilidad y estar a cargo de tu futuro y de tu vida?

Para algunas personas, ahora es el momento para dejar la costumbre de restarse valor. Ya es hora que dejen de verse a sí mismas como un "vaso de $3 dólares" y de estar sumidas bajo sus propios pensamientos limitados. Llegó el momento de mirar la mermelada en la dona y ver cuáles creencias les fueron introducidas sin darse cuenta; es necesario escuchar los audios que corren por su mente; revisar los pensamientos que pasan por esa pantalla mental; entender que su mente es su propio jardín personal, y que ellas tienen el privilegio y la responsabilidad de atenderlo. Es hora de darse a sí mismas el permiso de pensar por su cuenta; de tener pensamientos certeros, saludables y de empoderamiento; de percibirse a sí mismas como ganadoras en el juego de la vida. Ya es su hora. Les ha llegado su turno. Al igual que Tiger Woods, ellas deben entender que están listas para el mundo y luego descubrir si el mundo está listo para ellas.

CAPÍTULO
SIETE

PONIENDO MERMELADA NUEVA DENTRO DE UNA DONA VIEJA

LES HICE LA MISMA PREGUNTA que siempre les hago. Tanto ella como su hermana la han escuchado muchas veces, pero ahora les aburre, así que, cuando se los pregunto, se ríen y voltean la mirada. Pero de todas formas, yo insisto.

Y esa noche no era la excepción. Estaba dándole las buenas noches a mi hija de once años. Estando sentados en su cama conversamos, nos abrazamos y reímos. Cuando me levanté para salir, la miré a los ojos y lo hice de nuevo: le sostuve su cara en mis manos y le dije: "¡Oye, tengo que hacerte una pregunta! ¿Qué se siente tener once años y ser amada por tu padre?" Ella suspiró, sonrió y dio la típica respuesta de una chica de once años: "Es lindo, papá". De esa manera, le dije que la amaba, le apretujé sus mejillas, le di el beso de las buenas noches y salí.

¿Por qué siempre hago una pregunta que parece aburrir a mis hijas? Porque siempre que lo hago, pongo mermelada en sus donas. Estoy introduciendo y reforzando una creencia que les permita terminar un día y comenzar otro con el conocimiento fresco de que son amadas. No importa cuál sea nuestra edad, estos son fuertes sujetalibros que nos sirven para sostenernos a diario.

A medida que crecemos, y en especial, conforme nuestro negocio de mercadeo en red crece, la mermelada en nuestras donas se hará evidente. Nuestras creencias y expectativas respecto a la vida se verán presionadas a salir a la superficie al quedar bajo las tensiones normales que trae consigo el hecho de desarrollar una empresa. Y algunas de estas creencias le aportarán mucho al crecimiento de nuestra empresa. Sin embargo, en otros momentos, encontraremos que la mermelada en las donas obstaculiza nuestro éxito.

Cambiando la mermelada

Cuando la gente comienza a prestarle atención a la mermelada que hay en sus donas es inevitable que quiera saber cosas como: ¿"Qué hago con esos pensamientos, sentimientos y comportamientos que no me agradan?", "¿Con las creencias que me transmitieron?", "¿Cómo hago para cambiar el audio que siempre está sonando en mi mente?" "¿Cómo superviso los pensamientos que pasan por ella?"

Lo que muchos quieren saber es: "¿Cómo cambio la mermelada que hay en la dona?" No es solo cuestión de vaciar la dona vieja. Hay que inyectarle otra mermelada que sea verdadera, saludable y empoderadora. *Es por esto que el triunfo en la batalla mental por el éxito en la vida y en el mercadeo en red no proviene de la ausencia de creencias negativas, sino de la presencia de creencias esenciales y de hábitos de pensamiento que sean verdaderos, positivos y empoderadores.*

Miremos los dos aspectos de cambiar la mermelada en la dona: en primer lugar, debemos identificar la mermelada que no queremos y cómo fue que llegó a la dona. En segundo lugar, necesitamos saber cómo poner una nueva mermelada dentro de ella.

Aprende a identificar los diferentes tipos de mermelada

Para ayudarte a reconocer el estilo de pensamiento de quienes te rodean te recomiendo escucharlos con atención y a diario. Esa es una excelente manera de aprender a identificar patrones de pensamiento que tienen grandes consecuencias, incluso cuando lo que otros piensan parece que se expresara de forma casual.

Escúchalos y préstales atención a lo que sus creencias básicas y patrones de pensamientos revelan acerca de ellos mismos. Te asombrará lo que estos muestran sobre su sistema de creencias. Notarás lo que ellos piensan, dicen y sienten acerca de sí mismos y de su vida. Sin ni siquiera saberlo, te mostrarán qué tipo de mermelada hay en sus donas. Te dejarán escuchar el audio que suena en su mente. Observa con qué frecuencia escucharás que alguien, de forma casual, comienza una frase diciendo:

- Nunca podría hacer...

- No soy bueno en...

- No soy muy...

- Yo siempre...

- Soy muy...

- Me gustaría, pero...

Cada una de estas introducciones a una idea conduce a la mermelada que hay en sus donas. Escucharás las creencias autolimitantes y autodescartantes que ellos tienen respecto a sí mismos. Con estas afirmaciones, te revelan que tienen muy poco o demasiado de algo. Cualquiera sea el caso, te están revelando sus creencias básicas. Así mismo, dan a entender que sus creencias justifican el hecho de que no esperan tener éxito. No piensan en desafiar su propia mentalidad. Han vivido con esas creencias por tanto tiempo, que ya ni siquiera las cuestionan. Quizá no les agraden, pero ya no luchan contra ellas. Se han rendido a ellas. Ya no les importa si son ciertas o no, razonables, acertadas.

Las siguientes son algunas creencias que escucharás:

Las creencias tipo "yo no":

- Yo no soy tan inteligente

- Yo no soy tan divertido

- Yo no soy tan extrovertido

- Yo no soy tan disciplinado

- Yo no soy tan persistente

- Yo no soy tan resistente

- Yo no soy bueno con los números

- Yo no soy un buen líder

- Yo no soy un buen planeador

- No soy un buen gerente

- Yo no tengo la educación suficiente

- Yo no soy tan amigable

- Yo no soy tan calmado

- No soy tan seguro

- Yo no tengo mucho talento

- Yo no tengo la madurez que se necesita

- Yo no soy bueno con los detalles

- Yo no soy un buen orador

- Yo no soy un buen motivador

- Yo no soy una buena persona

Las anteriores, son afirmaciones que las personas suelen usar para describirse a sí mismas y explicar por qué no tienen posibilidades de intentar incursionar en algún campo o de triunfar en él.

Personalicemos esta lista. ¿Cuáles de las anteriores piensas, sientes, crees y dices acerca de ti mismo? Estas son creencias, o la mermelada, que determinan lo que han de ser tanto tu vida como tu negocio.

Cuando identificas un patrón de pensamiento negativo, el siguiente paso es decidir lo que quieres hacer con él. (Puede seguir controlándote o comenzar a controlarlo). Sugiero que tengas en mente algunos de los siguientes pasos:

1. Identifica la mermelada en la dona. (La creencia que quieres cambiar).

2. Pregúntate: "¿Quién me enseñó esto?" (Identifica cómo o cuándo llegó a tu mente).

3. Deshazte de algunos viejos paradigmas. (Date el permiso de desafiar y cambiar todas las creencias dañinas que logres identificar).

4. Ponle nueva mermelada a la dona. (Adopta nuevos patrones de pensamiento que sean saludables, verdaderos y empoderadores).

¿Quién te dijo eso?

Si tuviese el privilegio de estar contigo persona a persona, juntos comenzaríamos a identificar la mermelada en tu dona. Comenzarías a descubrir las creencias que pasan por la pantalla de tu mente, las que te liberan y las que se convierten en limitaciones para tu vida y tu negocio. Y en algún punto, cuando te escuchara revelar una creencia básica que te limita, yo te preguntaría: "¿Dónde aprendiste a creer eso? ¿Quién te lo dijo?" A partir de ahí, juntos comenzaríamos a explorar cómo y cuándo se introdujo esa creencia en tu mente. Miremos algunos ejemplos de otras personas para ilustrar cómo es que se introduce la mermelada en la dona:

Sarah: creció en un hogar donde ella y sus hermanos escuchaban con bastante frecuencia que eran amados y que podían hacer o llegar a ser lo que quisieran en la vida. Esta creencia se introdujo en su mente y le fue reforzada por años. Hoy, Sarah trabaja en network marketing y es empresaria. Ella disfruta de la libertad que le brinda el mercadeo en red y no le teme al éxito, ni al fracaso.

Frank: es una de las personas más talentosas que conozco. Tiene una mente aguda y una notable memoria auditiva. También es un trabajador muy esforzado y muy bondadoso con los demás. Sin embargo, no importa que yo sepa o crea esto de él, ya que Frank no cree que así sea.

¿Qué mermelada habrá en su dona? ¿Qué suena en el audio de su mente? Siempre escucha las constantes advertencias de su padre, muchos años atrás: "Si no comienzas a mejorar en tus estudios, terminarás cavando huecos con una pala".

Su padre, con buenas intenciones, intentaba motivar a su hijo utilizando el temor y la vergüenza. Por desgracia, Frank tiene dislexia, algo que no le fue detectado durante sus años escolares. Los constantes mensajes de temor y vergüenza no podían darle solución a este problema de percepción visual. Lo irónico es que Frank hoy conduce una retroexcavadora, que no es más que una pala sofisticada. Su amoroso padre, sin darse cuenta, cavó el mismo hoyo del que quería salvar a su hijo y le introdujo una creencia en su mente, la cual llegó a convertirse en una profecía cumplida en la vida de Frank. Lo emocionante es que Frank ahora está participando en desarrollar un negocio de mercadeo en red. Se está dando la oportunidad de ignorar lo que suena en su mente. En lugar de eso, se está atreviendo a soñar, está dispuesto a trabajar y listo a cambiar ese paradigma.

Despide a algunos viejos entrenadores

Identificar la mermelada en la dona es la parte fácil. La tarea más desafiante es aprender a gobernar las creencias negativas, de modo que estas ya no te gobiernen a ti. Es aceptar la responsabilidad de los pensamientos que pasan por la pantalla de tu mente. Es hacerte cargo del dispositivo de sonido que hace sonar el audio y decidir qué es lo que vas a escuchar. Es nombrarte a ti mismo el chef principal y determinar la mermelada que vas a aceptar dentro de ti. Es darte permiso de explorar tus creencias. Así como David desafió a Goliat, esta es tu oportunidad de correr y conquistar aquellas creencias y comportamientos habituales que te mantienen y te seguirán manteniendo cautivo si no te enfrentas a ellos.

Hay momentos en los que tenemos que "despedir a algunos viejos entrenadores". Necesitamos liberarnos del hecho de que algunas personas tengan tanto poder sobre nosotros. Tal vez sean amigos, colegas, el cónyuge, hermanos, padres, maestros, entrenadores, etc. Quizás estén vivos o a lo mejor ya fallecieron o viven cerca o lejos de ti. Pero no importa cuál sea el caso, ellos han introducido creencias negativas en tu mente, lo cual interfiere hoy con tu capacidad para ser tu mejor versión de ti mismo. Un par de ejemplos serán útiles:

> **Jim:** hemos sido amigos durante veinte años. Lo conocí en la universidad donde él era el estudiante con las mejores calificaciones. Después de graduarse, ingresó a trabajar con IBM y luego pasó a otra compañía de computadoras. Dondequiera que iba, Jim tenía un excelente desempeño y llegaba a ser el mejor en lo que hacía. Todos admiraban y elogiaban su prodigioso talento, esfuerzo y éxito merecido. Todos, salvo él mismo. Nunca saboreaba su propio éxito. Siempre encontraba alguna falla en su desempeño. Siempre estaba decepcionado consigo mismo.

> Un día, tomándonos una taza de café, le pregunté cómo había logrado tal capacidad de hacerse sentir tan mal. ¿Cómo había desarrollado el hábito de trabajar tanto y luego quedar decepcionado ante resultados tan sobresalientes? Por su bien, yo quería saber cómo había llegado esa mermelada a su dona. Quería saber cuándo y cómo había adoptado la creencia de que él siempre era una decepción. Quería saber "¿quién le había dicho eso?"

> Jim comenzó a contarme que en su niñez había sido un excelente nadador. Por años, fue mucho más alto y fuerte que

cualquier otro contrincante de su edad. Nadó a nivel competitivo y logró establecer varios récords locales y estatales. Todos asumían que Jim estaba destinado a ser un nadador olímpico. Pero en sus últimos años de secundaria dejó de ser más grande y más fuerte que todos sus competidores. Algunos lo habían alcanzado y el hecho es que él era muy bueno, pero no excelente.

Un día, en su práctica de natación, al salir de la piscina miró hacia arriba y vio a su entrenador de natación a nivel universitario parado justo frente a él. Tenía los brazos cruzados frente a su pecho y estaba meneando la cabeza de un lado a otro mientras miraba a Jim con disgusto. Después de un momento, le dijo: "No entiendo. ¡No sé cómo alguien puede tener tanto talento y, sin embargo, tener tan mal desempeño!" ¡BANG! La mermelada ingresó a su mente. En ese momento, el entrenador, en su posición de autoridad, le introdujo una creencia que se le convirtió en básica. Le grabó un audio con un mensaje que cobró más importancia sobre todo lo demás que Jim pensaba, hacía o escuchaba de los demás. El mensaje fue claro: "No eres más que una gran decepción"

Jim identificó la creencia básica negativa con la que había estado viviendo y, desde ese instante, se dio permiso de no permitir más que el necio comentario del entrenador ejerciera influencia sobre su vida. Aprendió a controlar el volumen del audio y a capturar ese doloroso pensamiento cuando pasara por su mente. En resumen, despidió al entrenador. Lo relevó de la influencia negativa y del poder que había ejercido sobre él por tanto tiempo. Hoy, Jim es alguien muy productivo, exitoso y con mucho dinero. La diferencia es que ahora tiene libertad para disfrutar de su propio éxito.

Para ti es vital descubrir tus creencias básicas y darte permiso de desafiar las que sean tóxicas o a las personas que envenenan tu capacidad de creer en ti mismo. Este tipo de influencias hace que muchos representantes no alcancen el círculo de los ganadores en el mercadeo en red. O no les permite disfrutar sus propios logros. He pasado miles de horas con senadores, congresistas, generales, almirantes, atletas de talla mundial y ejecutivos de corporaciones que no podían disfrutar sus propios logros extraordinarios porque nunca aprendieron a explorar, desafiar y cambiar sus creencias básicas defectuosas. La mermelada tóxica que alguien les introdujo en sus donas les quitó el gozo de sus logros hasta que aprendieron a cambiarla.

Cómo cambiar la mermelada de una dona

En este punto, algunos quizás estarán pensando: "Tom, yo sé cuáles son mis creencias fundamentales! Sé cuáles son saludables y cuáles no. ¡Sé cómo fueron introducidas en mi mente! ¡Y quiero desafiarlas y cambiarlas! Pero no estoy teniendo tanto éxito como el que deseo tener. ¿Puedes explicarme esto?".

Para algunos, la respuesta yace en el hecho de que solo han aprendido a identificar cómo se *introdujeron* esas creencias en su mente, pero no saben cómo sacarlas de ahí. Además, no tienen nada mejor con qué remplazar esas creencias y patrones de pensamiento negativos. (Es como saber cómo poner a sonar un audio, pero no saber cómo parar otro. Y, si lo paras, no tener otro que lo remplace).

Es por esto que dije que "ganar la batalla mental para el éxito en la vida y el mercadeo en red no proviene de no tener creencias negativas, sino de la presencia de creencias esenciales y hábitos de pensamiento que sean verdaderos, positivos y empoderadores".

Entonces, ¿cómo eliminas de la pantalla de tu mente todas esas creencias básicas y patrones de pensamiento negativos? Quisiera responderte a la pregunta sin aburrirte con los detalles de la neurosicología y la cognición. En lugar de eso, usaré dos imágenes de referencia: un proyector de diapositivas y el control remoto de tu televisor. (Estas imágenes de referencia se basan en la suposición de que no existe un desequilibrio bioquímico que pueda hacer mucho más difícil que alguien administre sus pensamientos y emociones, si no cuenta con la nutrición y/o medicación adecuada).

El proyector de diapositivas

Todo lo que se necesita para una presentación de diapositivas es un proyector, diapositivas y un botón que controle su entrada y salida. Nuestra mente trabaja de una manera muy parecida. Un paralelo entre una presentación de diapositivas y nuestra mente podría ser el siguiente: el proyector es nuestro cerebro; las diapositivas son los pensamientos e imágenes en la pantalla de nuestra mente y el botón de control es nuestra capacidad de tomar decisiones. El proyector solo puede mostrar una diapositiva a la vez. Quizás haya otras cien diapositivas listas para salir, pero solo es posible presentar una. Nuestra mente también trabaja así. En nuestra pantalla mental solo se presenta un pensamiento o imagen a la vez de manera prominente.

La buena noticia es que nosotros somos los coreógrafos de nuestra propia presentación de diapositivas y, por lo tanto, tenemos la autonomía para determinar qué pensamientos e imágenes se proyectarán en la pantalla de nuestra mente y por cuánto tiempo permanecerán allí.

¿Recuerdas cuando te invitaban a ver "solo unas diapositivas" de los familiares de tus amigos o sus vacaciones? Yo de inmediato trataba de calcular la cantidad de diapositivas que ellos tenían y cuánto tiempo les tomaría mostrármelas y hablarme de cada una. Quería saber cuánto duraría este "privilegio" y pensaba: "Miraremos, sesenta diapositivas con una explicación promedio de cincuenta segundos. ¡Oh, no! Creo que mejor busco una taza de café". Me sentía atascado porque no tenía control sobre las diapositivas que se iban a proyectar en la pantalla de mis amigos, ni cuánto tiempo permanecerían ellos en esa actitud de muestreo.

"El éxito proviene de creencias esenciales y hábitos de pensamiento que son verdaderos, positivos y empoderadores".

Lo curioso es que hay quienes viven con la sensación de estar a la merced de la presentación de las diapositivas de otras personas. No saben cómo supervisar los pensamientos, imágenes y sentimientos relacionados que pasan por la pantalla de su propia mente. Nunca se les ocurre que el proyecto, las diapositivas y el botón de control les pertenecen a ellos; que son ellos quienes eligen y los responsables de determinar lo que vean.

Ese tipo de persona me recuerda a un amigo. Hace poco, él me prestó su proyector para hacer una presentación de negocios. Cuando se lo devolví, me llamó y mencionó que le hacía falta el control remoto con el cable de extensión de veinte pies. Me sentí mal y le dije que con gusto haría lo que fuera necesario para remplazárselos. Varias semanas después, descubrimos el control y su cable. Se habían quedado dentro de un panel lateral dentro del proyector, justo donde debían estar. No eran visibles, pero ahí estaban completos.

Algunos viven como si el control del proyector de diapositivas de su mente se les hubiese extraviado. Los pensamientos, las imágenes, los recuerdos o los temores les pasan por su pantalla metal y ellos se sienten incapaces de controlarlos o cambiarlos. No saben dónde está el control; no entienden que tienen la capacidad de supervisar cualquiera de sus pensamientos y que pueden sacarlos del proyector e insertar mejores diapositivas. Como resultado, en lugar de controlar sus imágenes mentales, estas los controlan a ellos. De tal modo, quedan a merced de esas imágenes y de los pensamientos y emociones relacionados con ellas. Todo porque nunca aprendieron el arte de ser los coreógrafos de su propia presentación de diapositivas. No sabían que tenían la libertad para quitar las negativas y remplazarlas con otras más útiles.

Para demostrar cómo controlar o cambiar esas imágenes en la pantalla de nuestra mente, cambiemos las imágenes de referencia. Usemos el control remoto de nuestro televisor o dispositivo de video. De hecho, si tienes uno a la mano, sería útil buscarlo antes de leer esta sección.

El poderoso control remoto

Quizá conozcas el viejo chiste acerca de la Regla de Oro: "El que tiene el oro es el que gobierna". En muchos hogares de hoy, hay una mentalidad similar: el que tiene el control es el que gobierna.

¿Qué es lo divertido de tener el control remoto? Que le da a la persona que lo tiene la sensación de estar en control y tener la última palabra. La convierte en la mayor autoridad del universo y es ella quien determina qué permanece y qué se quita. ¿Por qué no aprender a usar el control remoto como una analogía para supervisar nuestra vida y nuestros pensamientos? Eso es poder y domino real. No es ilusión temporal.

Mira, o imagina, tu control remoto. ¿Cuáles son algunos de los botones que observas en él? Los que son útiles para nuestros fines son:

Qué gran menú de opciones. Estas mismas opciones las tenemos disponibles en nuestros pensamientos. Saber cómo usarlas cambiará nuestra vida y nuestros negocios. El uso adecuado del control remoto nos mantendrá motivados, confiados y persistentes en nuestro desarrollo empresarial. Nos fortalecerá y luego nos hará tener éxito.

Así es como funciona: selecciona una creencia negativa que quisieras cambiar. Elige una que sea importante. De hecho, elige una que sea tan importante que, si no la corriges, te impedirá alcanzar tu potencial de negocios.

Después que identifiques esa creencia básica o pensamiento habitual que quieres cambiar, hazte preguntas al respecto. No te espantes con esta creencia. Comienza a darte autorización para entenderla y estudiarla. Conviértete en una autoridad al respecto. Hazte estas preguntas:

– ¿Qué creencia negativa específica quisiera cambiar?

– ¿Por qué es importante que la cambie?

– ¿Qué sucederá si no comienzo a enfrentar y cambiar esta creencia?

– ¿Con qué nueva creencia quisiera remplazar esta negativa?

– ¿Por cuánto tiempo he vivido creyendo en ella?

– ¿Sé cómo y cuándo fue introducida en mi mente?

– ¿Se introdujo en un instante? (Como la creencia que introdujo el entrenador de natación de Jim).

– ¿Fue introducida en dosis pequeñas, pero repetidas y terminaron siendo venenosas? (Como el padre de Frank con sus repetidas advertencias basadas en temor).

- Cuando esta creencia negativa llena mi mente, ¿es más visual o audible? ¿La veo o la escucho?

- ¿La imagen o el sonido es lo que tiene mayor impacto?

- Si es audible, ¿es con alto volumen y abrumadora, como si la escuchara en un sistema digital de sonido envolvente? ¿O es discretamente silenciosa como el suave silbido de una serpiente a punto de atacar?

Después de sopesar algunas de estas preguntas preliminares, toma tiempo para determinar qué es lo que permitirás proyectar en el teatro de tu mente. Conviértete en el administrador de tu propio teatro. Sé tú el jefe. Sé tu propio Siskel y Ebert. Si consideras que algo en tu pantalla mental no es saludable y es inadecuado, entonces cámbialo. No te sientes pasivamente viendo la basura que pasa por ella.

Toma el control remoto y conviértete en el gobernante de tu propio universo. Aprende a cambiar esas imágenes que no quieres. Cambia de canal. Quita el video. Si estás escuchando pensamientos que te quitan el gozo y la confianza, ¡entonces oprime el botón de enmudecer! Baja el volumen. Si necesitas un minuto para decidir lo que quieres hacer, entonces oprime el botón de pausa. Si no puedes pensar en nada bueno para ver, entonces oprime el botón de parar. Apaga. La elección es tuya. Tú tienes la capacidad para decidir lo que aceptas ver y escuchar.

Introduciendo el nuevo contenido

Una poderosa herramienta para tener éxito en la administración de tu mente está en aprender a bajarle el volumen a lo que escuchas. Es muy útil saber cómo quitar imágenes negativas de nuestra pantalla mental. Sin embargo, también es necesario tener nuevo material para remplazarlas. Cuando dejas de ver una imagen o video en la pantalla de tu mente, debes sustituirlos con otros. Así mismo, no basta solo con bajar el volumen del audio negativo que está sonando en tu mente. Literalmente, debes remplazarlo con nuevos audios que sean de verdad, saludables y empoderadores.

La meta es cambiar la mermelada en la dona. Tus creencias básicas y hábitos de pensamientos deben ser verdaderos y empoderadores. Debes tener una mentalidad que inculque seguridad y visión. Aprende que tienes lo que se necesita para ser un jugador en el juego de la vida y en el mundo del mercadeo en red. Los audios, imágenes y videos que pasen en tu mente deben ser los de un ganador. De esta manera, cuando los momentos de duda surjan mientras desarrollas tu negocio, solo sigue adelante trabajando, desarrollando y creyendo. Mantente decidido y firme a medida que trabajas en hacer realidad tus propios sueños.

Ensayos futuros

Hay muchas maneras de generar nuevos audios e imágenes mentales. Por ejemplo, usando todos tus sentidos (vista, oído, olfato, tacto y gusto) cuando imagines tu éxito en el futuro. Por ejemplo, ensaya mentalmente cómo hacer un discurso de aceptación de un reconocimiento, el recibimiento de un premio, haber logrado obtener los ingresos que deseabas, comprado cosas nuevas, donando dinero para ayudarles a otros, etc. Todos estos sentimientos generan mucho ánimo y son útiles porque te llenan con fuertes emociones positivas que se asocian con las imágenes mentales que elijas.

De hecho, esas imágenes te permiten experimentar en *el presente* el estado de bienestar que vendrá con tu *éxito en el futuro*. Se conocen como "ensayos futuros". Y ya sabes cómo hacerlos. Millones de personas son muy buenas viviendo en un marco de tiempo que llamamos el presente, al mismo tiempo que experimentan las emociones de algo que visualizan para el futuro. Por desgracia, usan esta excelente habilidad para ir en contra de sí mismas. Se llama ansiedad, preocupación o temor.

Lo que ellas hacen es darle una pequeña mirada al futuro que imaginan. Lo malo es que se imaginan en alta definición y con mucho detalle todo lo negativo que pudiera pasarles. Arman películas mentales que hacen ver a Steven Speilberg como un videógrafo aficionado. Y ete tipo de películas logra el efecto natural del pánico con el que fueron hechas y luego pasan por la mente una y otra vez. Asustan a la luz del día a quien viva viéndolas.

Imagina lo que sería usar esta misma habilidad para crear películas que produzcan ensayos futuros para ser persistente, trabajar duro, superar obstáculos, tener éxito y ganar. ¡Ahora, esas sí son películas que vale la pena ver una y otra vez! Crea tus propias imágenes y películas que te inspiren y pásalas una y otra vez en la pantalla de tu mente. Cuando vayas a hacerlo, te sugiero que te pongas cómodo, que prepares unas palomitas de maíz y tomes el control remoto. Luego, oprime el botón ejecutar, súbele el volumen y disfruta el espectáculo.

Creando videos sobre a quién despedir... ¡ya mismo!

Cuando alguien escucha o ve el contenido que hay en su mente y no encuentra muchos recuerdos positivos de un padre abrazándolo, acomodándolo en la cama o diciéndole que lo ama, que es especial y que cree en sus capacidades; cuando se da cuenta de que la mermelada en su dona no es tan dulce, ¿qué debe hacer entonces? Mientras identifica, desafía y cambia ese contenido viejo que no es verdad, le sugiero que ahora mismo adquiera consciencia de otras realidades que sí son verdaderas, saludables y que lo empoderan, así nunca las haya conocido o aceptado o vivido antes.

Comencé este capítulo compartiendo contigo algunas de las creencias e imágenes que quiero que mis hijas tengan en sus pantallas mentales. Ahora, quiero decirte que esta misma historia que te cuento de ellas ya es tuya. Puede ser solo un audio o un video que nunca has visto o tomado en serio.

Sin embargo, la idea de decirles a mis hijas que las amo no la inventé yo. La tomé prestada del "libro" de otro padre. Sin duda, Él es mucho mejor padre que yo. Él es el Jefe Maestro cuando se trata de introducir buena mermelada en la dona y de hacerlo con elegancia. Escucha lo que este Padre dijo un día cuando les contaba a otros acerca de Su Hijo. En presencia de Él, afirmó: "Este es mi Hijo Amado, en quien tengo complacencia. Escúchenlo a Él".

Miremos la mermelada que este Padre puso en la dona y las creencias que puso en el audio con estas dos cortas frases. Están cargadas de perspectiva:

–   Este es *MI HIJO* amado. Con dos palabras está dando completa claridad respecto a la posición, lugar estatura e identidad de Su Hijo. Tú eres *MI HIJO*. Nunca te preguntes cuál es tu lugar en el mundo.

–   Este es mi hijo *AMADO*. Al usar un adjetivo, Él está haciendo claro lo que siente por este Hijo: "Tú eres *AMADO*. Nunca te preguntes acerca de lo que pienso y siento por ti".

–   En quien tengo *COMPLACENCIA*. Con esta palabra, este Padre amoroso liberó a Su Hijo para la vida. Le hizo saber que ya tenía Su *APROBACIÓN* y que dedicara Su vida a disfrutar de ella, más que a buscarla.

Algunos de ustedes saben cómo supe de esta conversación y de qué libro la tomé prestada. El "libro" es la Biblia y el que habla es el Padre Celestial. De pronto, algunos cuestionarán qué tiene que ver esto con tu éxito en el mercadeo en red. Esa es una pregunta justa.

*"Los audios, imágenes y videos que pasen por tu
mente deben ser los de un ganador".*

Sin duda, la mermelada que hay en tu dona quedará expuesta cuando desarrolles tu negocio. Tus creencias respecto a la vida, a los demás y a ti mismo saldrán a la superficie. Tu capacidad de mantener la visión emprendedora, la claridad de tu enfoque y tu nivel diario de disciplina se verán puestos a prueba. Habrá tramos en el camino donde vas a sentirte solo. Las personas que te rodeen no sabrán, ni se interesarán, ni entenderán lo que haces en tu negocio o por qué lo haces. Así, encontrarás una curva de aprendizaje en la dirección de tu negocio, de tu equipo y de ti mismo. (Esta es una forma amable de decir que, a lo largo del camino, es muy probable que cometas muchos errores). Y en todas esas circunstancias, te ayudará tener una mermelada en tu dona que te haga resiliente, resistente y seguro. Y ten la certeza de que conocer el amor que tu Padre Celestial tiene por ti te ayudará a conseguir que te sientas así.

Es muy liberador comenzar cada día con audios y videos que te ayuden a recordar que ya eres una persona digna, muy amada y aprobada. Esta certeza te recordará que hoy no tienes que demostrar nada. En lugar de eso, hay mucho por disfrutar. Cuando estos pensamientos se te conviertan en tus creencias básicas, impactarán en gran manera como comiences tu negocio y tu forma de administrarlo. Mejorarán tu disposición y tu perspectiva, mientras trabajas cada día para hacer que tus sueños se hagan realidad.

Inyectándole algo de realidad a la dona

En este capítulo hemos mirado unas imágenes de referencia que son fáciles de entender. Son ilustraciones sencillas. Pero sencillo no es lo mismo que fácil. El proceso de identificar, desafiar y cambiar nuestras creencias básicas y hábitos de pensamiento es una gran empresa. No obstante, al igual que desarrollar un negocio de mercadeo en red, también vale la pena trabajar para triunfar en ello.

Al final, el aspecto más desafiante en la administración de tu negocio será la administración de tu mente. Es por esto que los emprendedores más exitosos en el campo del mercadeo en red toman tan en serio la administración de lo que piensan. Ellos entienden el proverbio que dice: "Cuál es el pensamiento en el corazón del hombre... así es él". En consecuencia, con frecuencia se ponen a sí mismos en la actitud de renovar su mente, restaurar su visión y fortalecer su voluntad. Esa es la razón por la cual son ávidos lectores, escuchan audios y se asocian con otras personas positivas. De manera consistente, ellos desarrollan una mentalidad que los encamina hacia el éxito.

En cuanto a ti, mira la mermelada que hay en tu dona como si tu vida y tu futuro dependieran de ello. Porque así es.

CAPÍTULO
OCHO

YO SERÉ EL CONDUCTOR ELEGIDO

QUIZÁ TÚ SEAS COMO YO. Me atraen las placas de autos que la gente elige ponerles a sus vehículos. Con solo pocas letras o números, muchos procuran comunicar algo significativo para ellos. Hace poco, vi dos que me gustaron mucho. Decían así:

XPCT2WN (¡Espera ganar!);

1GR8DAY (¡Un gran día!)

Qué mensajes tan maravillosos. Piensa en lo que significa salir todos los días rebosando con una actitud que "¡ESPERA GANAR!" Es muy emocionante ir por la vida con la idea de que es "¡UN GRAN DÍA!" Te alegra estar vivo y listo para saltar al escenario de la vida en lugar de solo pasar otro día. Esa es una maravillosa forma de vivir.

Esta misma actitud de expectativa positiva, y de vivir cada día a plenitud la expresa Whitney Houston en la canción *One Moment In Time*. Observa cómo la letra despierta el deseo inherente dentro de todos nosotros para ser "más de lo que pensé poder ser":

"Cada día que vivo, quiero que sea un día para dar lo mejor de mí.

Soy solo yo, pero no estoy sola y mi mejor día todavía no ha llegado.

Rompí mi corazón por todo para probar un poco de dulzura y he enfrentado el dolor.

Me he levantado y he caído, pero queda mucho en medio de todas estas experiencias.

Quiero un momento en el tiempo para ser más de lo que pensé que podía ser, donde todos mis sueños estén tan cerca como mi latir, y que todas las respuestas dependan de mí.

Dame un momento en el tiempo donde pueda competir con el destino, y en ese momento del tiempo sentiré, sentiré la eternidad.

Vivo para ser la mejor.

Lo quiero todo, no hay tiempo para menos.

He trazado los planes, ahora pongo la oportunidad en mis manos.

Dame un… un momento en el tiempo para ser más de lo que pensé que podía ser, donde todos mis sueños estén tan cerca como mi latir, y que todas las respuestas dependan de mí.

Dame un momento en el tiempo donde pueda competir con el destino, y en ese momento del tiempo sentiré, mira, sentiré la eternidad.

Tú eres, eres un ganador de por vida si aprovechas ese
momento en el tiempo, hazlo brillar.

Dame un momento en el tiempo en el que yo sea más, en
el que pueda ser más de lo que pensé que podía ser, donde
todos mis sueños estén tan cerca como mi latir, y que todas
las respuestas dependan de mí.

Solo dame un momento en el tiempo donde pueda competir
con el destino, y en ese momento del tiempo sentiré,
sentiré, oh seré libre.

Sí, seré, seré libre".

Impreso con permiso de
Warner Bros., Publications

Una canción como esta tiene la capacidad de mover fibras en nuestra alma y enciende en nuestro interior el deseo de alcanzar nuestros propios logros y enorgullecernos de ellos. Las canciones nos inspiran a creer que lo mejor está por venir. Las palabras nos recuerdan que todavía deseamos vivir con valor y confianza; nos dan la bienvenida al escenario de la vida; nos impulsan a salir de nuestras sillas de espectadores y entrar al terreno de juego. Ahí es donde podemos darlo todo, probar nuestro brío, desarrollar nuestras habilidades y usar nuestras fortalezas. Ahí es cuando conoceremos el gozo de ser jugadores activos y ganadores en la vida.

Sin embargo, para la mayoría, el deseo y la inspiración terminan con la canción. Esto se debe a que esa breve *momento de inspiración* no tiene el respaldo de *pensamientos* que sean igual de inspiradores. Pero para otros, la inspiración de la vida se convierte en una aspiración. Para quienes son afortunados, los fuertes sentimientos positivos van acompañados de pensamientos que tengan la misma fuerza. Y cuando estos se juntan, una fuerza de voluntad se forma resultando en acciones que cambian vidas.

¿Qué papel juega el network marketing en esto?

Para muchas personas, involucrarse con una compañía de mercadeo en red es una demostración tangible de su valiente deseo de cambiar su vida. Es por esto que siento tanto respeto por quienes participan en esta industria. Ellos arriesgan nuevos comportamientos, intentan nuevas cosas y tratan de adoptar sentimientos, pensamientos y comportamientos que sugieran que este es un gran día. Ellos esperan ganar y sienten que este es su momento en el tiempo para llegar más alto de lo que alguna vez se atrevieron.

En resumen, lo que hacen es asumir la responsabilidad de su propia vida, pues quieren una medida de control sobre su futuro, así que han decidido convertirse en los directores ejecutivos de su existencia.

Gracias, pero conduciré mi propio auto

¿Has visto alguna vez la campaña que anima a los grupos a elegir a alguien como el conductor elegido cuando los amigos deciden ingerir bebidas alcohólicas? Esa es una iniciativa que salva vidas. Hay momentos en los que el acto más responsable que pueda realizar un ser humano es permitir que otro asuma la responsabilidad de su seguridad. En esos momentos, ese resulta ser un acto de madurez por medio del cual se le asigna por un tiempo a alguien distinto a uno el derecho de conducir el auto. Siendo sabios, le estamos delegando autoridad y poder a otro conductor.

Por otro lado, me asombra cuán a menudo veo que individuos plenamente capaces permiten que otros sean sus conductores elegidos. No solo con sus autos, sino con aspectos muy importantes de su vida. Les otorgan autoridad, poder, decisiones o control a otras personas y les permiten ejercer una influencia indebida sobre ellos. De esta manera, *suelen permitir que los demás tomen las decisiones por ellos. Aunque son ellos los que tienen que vivir con las consecuencias de esas decisiones, permiten que otros las tomen, renunciando así a su capacidad de decisión.*

Mira si reconoces los siguientes tipos de comportamiento:

Michael: "Decidió" seguir una carrera universitaria que haría sentir orgullosos a sus padres. Por desgracia, él no está cómodo en ese campo de estudio y se siente miserable, pues renunció a su capacidad de decidir y ahora tiene que vivir con las consecuencias.

Debbie: "Decidió" casarse con un hombre que su padre aprobaría como una buena elección. Lamentablemente, ella no es muy adecuada para él. De esa manera, renunció a su capacidad de decidir y ahora es ella, no su padre, la que vive con las consecuencias.

John: "Decidió" seguir en su empleo actual "porque aquí me necesitan". Lo triste del caso es que tiene un salario inferior al que podría ganar y eso lo hace sentirse cada vez más frustrado con su trabajo. Renunció a su capacidad de decidir y ahora solo le queda vivir con las consecuencias.

Chip y Lisa: "Decidieron" no vincularse al negocio del mercadeo en red porque les preocupaba lo que sus amigos dirían. Por desgracia, necesitaban algunos ingresos adicionales, así que ahora sienten la presión de la estrechez financiera. Fue así como renunciaron a su capacidad de decidir y ahora tienen que vivir con las consecuencias.

Muchos entran al mercadeo en red porque están acostumbrados a ser sus propios conductores elegidos. Se sienten cómodos tomando decisiones sobre la dirección y administración de su vida. Y aunque valoran el consejo y las opiniones de los demás, con gusto aceptan la responsabilidad de tomar sus propias decisiones.

Para ellos el mercadeo en red es un entorno perfecto para crecer y administrar sus propios negocios, ir tras sus sueños, aprovechar su tiempo y establecer sus propias metas financieras. De otra forma, no podrían gozar de nada de eso.

Si eres una de esas personas, sé agradecido. También asegúrate de no dejar de ser sensible a cómo es todo esto para aquellos que están considerando involucrarse por primera vez en el mercadeo en red. Para algunos, darse permiso para soñar es algo nuevo; reconocer que quieren cambiar sus circunstancias puede ser un nuevo concepto; atreverse a creer en su propio potencial y habilidades también puede ser una nueva forma de pensar; darse permiso para aprender y fallar mientras buscan alcanzar el éxito puede ser una nueva experiencia; permitirse sentir esperanza, optimismo y orgullo puede ser una opción de vida que olvidaron hace mucho tiempo. Y decidir aceptar la responsabilidad apropiada para su futuro puede llegar a ser tanto emocionante como atemorizante para ellos. Por todo esto, merecen nuestro mayor respeto, gran apoyo y el mejor entrenamiento posible. Ellos no solo están intentando comenzar nuevos negocios. También están tratando de iniciar una nueva vida.

La realidad como motivador

Un aspecto importante del liderazgo y de la administración es saber qué decir, cuándo decirlo y cómo hacerlo. En mi trabajo con otras personas hay ocasiones en las que presentarles la fría realidad es lo mejor que debo hacer para ayudarles. Esa es la única manera de motivar a alguien lo suficiente como para que comience o continúe. Las siguientes son dos realidades que suelo compartir cuando hablo con un grupo o con una persona:

1. A los demás no les importa si sigues en la quiebra.

2. Enfrentarás el temor de trabajar con mercadeo en red o disponte a enfrentar el temor de no trabajar en este campo.

Te sonarán muy crudas, pero esas son dos verdades muy liberadoras cuando las entiendes. Mirémoslas una a la vez.

Realidad # 1:
A los demás no les importa si sigues en la quiebra

En medio de la cotidianidad de mi trabajo suelo reunirme con profesionales que están pasando por serias dificultades financieras. A veces, se trata de senadores, congresistas, médicos, abogados o funcionarios de corporaciones. Pero el dilema es el mismo para todos ellos: están en la quiebra. Gastan más de lo que ganan. Y además, sienten que la implacable atadura del estrés económico les quita el gozo de la vida.

Algunos de ellos se intrigan mucho cuando escuchan que existe la oportunidad de que se unan y trabajen en mercadeo en red. Sus conocimientos en los negocios les hacen saber que este es un medio eficiente y efectivo para desarrollar una empresa exitosa. Sus experiencias y emociones les dicen que este es un campo en el que ellos se desenvolverían con mucho éxito y lo reconocen como una forma de darles solución a sus dificultades financieras.

Pero luego, su orgullo o inseguridad entran en juego. El audio en su mente empieza a sonar. Comienzan a imaginar cuál será la reacción de sus amigos. Se preguntan si sus allegados terminarán por descubrir que están teniendo problemas financieros o si sus amigos asumirán que se han involucrado en algún tipo de engaño que no es más que un esquema de pirámide. (Nunca piensan que sus amigos pueden admirar su buen sentido para los negocios, su espíritu emprendedor y su energía).

Por lo tanto, su miedo a las reacciones de sus amigos los lleva a decidir que mejor rechazarán la invitación a involucrarse en el mercadeo en red. Y cuando lo hacen, terminan delegando su capacidad de decisión sobre sus amigos. Toman las decisiones importantes asfixiándose a sí mismos en suposiciones respecto a lo que sus amigos pueden pensar. Sin saberlo, los nombran como los conductores elegidos de su vida. Y además, al hacerlo, se ocupan de administrar su imagen social en lugar de resolver su problema o ir tras sus sueños.

Cuando veo que alguien toma una decisión de este tipo, digo algo como esto:

"¿Te molesta si introduzco algo de realidad a tu situación? A tus amigos no les importa si estás en la quiebra, ni que te quedes así para siempre. Permítame decirte grosso modo cómo sería su conversación a la hora de la cena si se enteraran de que no tienes con qué pagar tu hipoteca o tu renta de este mes:

> **Esposa:** "Oye, ¿supiste que Bob y Sue no pueden pagar su hipoteca este mes? ¿No te parece triste?"

> **Esposo:** "!Eso es muy terrible! Lo siento por ellos. Espero que eso nunca nos pase. Por cierto, ¿me pasas la ensalada, por favor?"

Ese es todo el tiempo que pasarán lamentándose sobre tu problema. Las razones son sencillas:

1. Ellos asumen que, si estás en la quiebra total y viviendo al borde de un desastre financiero, entonces no importas tanto. También asumen que, si no te gusta esa situación, entonces harás algo al respecto. Y como no parece importarte a ti, ellos tampoco permitirán que tu precaria situación les cause molestia alguna.

2. Ellos saben que tus asuntos financieros son tu responsabilidad, no la de ellos. Así que, si llegara a importarles, ellos no asumirán ninguna responsabilidad para solucionar tu problema.

3. También están tan ocupados tratando de mantener en pie su propia existencia como para pasar mucho tiempo preocupándose por la tuya. (Zig Ziglar tiene razón cuando bromea diciendo que ¡si supiéramos lo poco que los demás piensan en nosotros, dejaríamos de preocuparnos por lo que ellos piensen de nosotros!).

4. Tus amigos tendrán más problema con tus éxitos financieros que con tus fracasos.

Cuando comenzamos a entender estas realidades, nos sentimos liberados para no permitir que otros sean nuestros conductores elegidos. Esto nos motiva a tomar el asiento del conductor y aceptar la responsabilidad de nuestra vida y de nuestras finanzas. Comenzamos a tomar buenas decisiones por las razones correctas. Con el tiempo, llegamos a vivir con las consecuencias de nuestras decisiones: nuestra vida nos pertenece, nuestros sueños se hacen realidad y las circunstancias tienen una transformación positiva.

Realidad # 2:
Enfrentarás el temor de trabajar con mercadeo en red o el temor de no trabajar en él.

Hace poco, presencié un robo. Vi el crimen, conocía a la víctima y con mucha facilidad identificaría al ladrón y lo que robó. Sin embargo, ni siquiera me tomé la molestia de informárselo a la Policía. Ellos conocían al ladrón. Sabían que iba a atacar de nuevo y también sabían que no había nada que ellos pudieran hacer para impedir que el crimen volviera a ocurrir. Su devastador impacto en la gente y la incalculable pérdida de dinero seguirían en aumento.

En lugar de hablar con la Policía, hablé con la víctima. Le dije lo que debía hacer la próxima vez que fuera atacado. Le sugerí que no fuera tan pasivo. Lo animé a mirar a su atacante a los ojos, mantener la calma, concentrarse y rehusarse a rendirse ante las indignantes exigencias del asaltante... y decidir, si fuera necesario, luchar con él como si su vida dependiera de ello.

No todo oficial de policía estaría de acuerdo con mis sugerencias. Pero este crimen, aunque sea muy común, también es único. La víctima es otra persona en el mercadeo en red. El criminal es el temor. El crimen es el robo... de sueños y valentía. La confusión deja a muchas víctimas paralizadas y sin la capacidad de desarrollar sus negocios. Y la pérdida de productividad e ingresos para personas, familias, corporaciones y la economía en general, es incalculable. Debemos enfrentar, luchar y dominar a ese ladrón.

¡Involucrarte es una demostración tangible
de tu deseo valiente de cambiar tu vida!

He visto cómo algunas de las personas más dotadas del mundo logran hacer muy poco con sus dones. No porque sean perezosas, estén desmotivadas o no tengan ambiciones. No porque no tengan sueños o voluntad para trabajar, sino porque el miedo las tiene tan afectadas, que las inmoviliza. En el mercadeo en red, el temor es la causa invisible para la falta de productividad y éxito. La sensación de temor oscurece la visión, cambia las metas y las prioridades.

El siguiente es un ejemplo común: Ed inició su negocio de mercadeo en red con una visión clara de lo que quería alcanzar y ganar. Estaba motivado, emocionado, le agradaba a los demás y tenía una excelente ética laboral. Hacía su lista de personas que debía llamar, compraba sus materiales, iba a los entrenamientos, planeaba su horario, etc. En el papel, parecía que podría tener un éxito fenomenal en este campo.

Pero, por desgracia para Ed, los audios en su mente le decían que no tenía las competencias necesarias para hablar con "los profesionales" o propietarios de los pequeños negocios en su comunidad. Esta creencia errada generaba en él una sensación de ansiedad siempre que estaba listo para hablar con alguna de las personas que lo intimidaban. Con el tiempo, cayó en un patrón. En su mente, era genuino para planear y tratar de hablar con quienes lo hacían sentirse amenazado. Escribía a quién contactaría, cuándo lo haría y ensayaba lo que le iba a decir. A la distancia, en su mente, todo salía muy bien. Era audaz, elocuente y exitoso. Se le facilitaba visualizar cómo su negocio crecía.

Pero cuando llegaba el momento de interactuar, la confianza que Ed había imaginado se desvanecía. A la hora de la verdad, cuando debía hablar con las personas que lo intimidaban, Ed cambiaba de curso de manera abrupta. Su visión de éxito se esfumaba por arte de magia. Su sueño parecía causa de risa. El negocio que lo emocionaba ahora parecía tonto. Y pensar en que alguien quisiera escucharlo y responder a lo que él le dijera parecía la mayor tontería que jamás hubiera imaginado.

En un milisegundo, Ed cambiaba de prioridades. Sus grandes sueños, metas a largo plazo, planes futuros y buenas intenciones los cambiaba por una meta simple, pero inmediata: deshazte del temor. Él quería que la ansiedad desapareciera. ¡Ahora mismo! Y en ese momento de ansiedad, él no se preocupaba por lo que podía costarle en el futuro, mientras pudiera tener paz en el presente. Él cambiaba éxitos y logros futuros que eran muy reales y alcanzables por la ilusión de calma en el momento inmediato. Al final, Ed terminará por darse cuenta de que hizo un terrible intercambio. Fue un gran error, pero al momento de la decisión parecía el negocio del siglo. Todo porque en ese momento de incomodidad, lo único que él quería era sentir alivio de su ansiedad.

Este mismo error lo cometen a diario miles de representantes del mercadeo en red. Cuando comienzan a sentir ansiedad y a salir de sus zonas de comodidad, de manera inconsciente, cambian sus metas. Por un tiempo, suspenden la búsqueda de sus sueños y el desarrollo de sus negocios. Por ese momento, solo quieren evitar lo que los incomoda. En un principio, esta pequeña elección parece intrascendental, inocua e inconsecuente. Sin embargo, lo que no ven es que están formando o reforzando hábitos que hacen del evitar la incomodidad un estilo de vida. Para el futuro, esto solo hace que el hábito de evitar sea más fuerte y que el temor sea mayor.

"Vas a enfrentar el temor de hacer este negocio o enfrentarás el temor de no hacerlo".

Ed estaba atascado en este patrón de inventar grandes sueños en la noche y cambiarlos por una calma imaginaria en el día. Yo conocía los patrones en los que él estaba cayendo. Sabía de sus ataduras y creencias erróneas, y de esos sentimientos de ansiedad que lo contaminaban. Así que, para terminar con el poder de este patrón, introduje a su mundo un poco de fría realidad. (Podía decírsela porque Ed sabía que me interesaba en él y que creía en sus habilidades más de lo que él creía en sí mismo). Solo le dije de forma directa: "Ed, sé que estás atemorizado y que te sientes muy intimidado para hablar con algunas personas, pero permíteme decirte algo: vas a tener que elegir entre el temor de enfrentar la posibilidad de hacer mercadeo en red o el temor que te causará NO involucrarte en él. La elección es tuya".

Luego, lo desafié a mirar la relación costo/beneficio de esta decisión. ¿Cuáles serían los beneficios inmediatos de evitar sus temores y cuáles los costos? Los siguientes son algunos de los puntos que discutimos:

Beneficios de evitar el temor	Costos de evitar el temor
1. Parece hacer que mi temor disminuya.	**1.** Solo fortalece mi temor de forma continua.
2. Me permite experimentar calma.	**2.** Aumenta mi estrés y solo camufla mi ansiedad.
3. No tengo que hacer lo que no me gusta.	**3.** Impide el crecimiento de mi negocio.
4. Puedo hacer otra cosa que disfrute más.	**4.** Me impide mi crecimiento como persona.
5. Me doy el gusto de vivir dentro de mi zona de comodidad.	**5.** Sabotea mi confianza.
	6. El hecho de evitar pequeños temores hoy, me generará temores muy reales y mayores en el futuro.
	7. Terminará por costarme la no realización de mis sueños.
	8. Me mantendrá justo donde estoy ahora en el aspecto financiero.

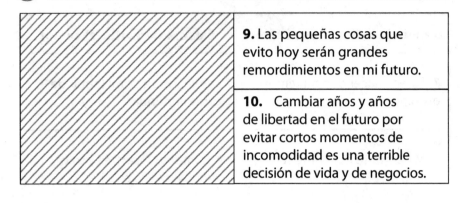

9. Las pequeñas cosas que evito hoy serán grandes remordimientos en mi futuro.

10. Cambiar años y años de libertad en el futuro por evitar cortos momentos de incomodidad es una terrible decisión de vida y de negocios.

Un análisis del costo/beneficio contribuye a evitar el temor. Observa que los costos son reales, importantes y a largo plazo. Los beneficios son más imaginarios o temporales.

Por fortuna para Ed, esta inyección de realidad lo puso de vuelta en el juego. Ed entendió que evitar sus temores no resolvía ningún problema y en cambio sí le generaba mayores dificultades para el futuro. Fue así como, ante este hecho, comenzó a enfrentar sus temores, a avanzar en medio de ellos y terminó conquistándolos.

Todavía hay aspectos en el desarrollo de su negocio que Ed no disfruta en particular, pero no deja que ningún momento desagradable le quite su sueño o la búsqueda de sus metas. Él reconoce sus sentimientos sin permitir que ellos sean el árbitro final en sus decisiones de vida. Como resultado de esta nueva mentalidad, Ed está desarrollando un negocio más que exitoso y creciendo como persona. Y esa es por excelencia la situación en la que toda persona gana. Ed sabe que esta forma de pensar que él decidió adoptar es mucho más gratificante que la alternativa que casi acepta por engaño y por patrón de vida.

¿Y qué de ti?

¿Estás listo para ir tras tu sueño y desarrollar tu negocio? Para lograrlo tendrás que enfrentar tus temores, salir de tu zona de comodidad y hacer cosas nuevas, diferentes e incómodas. No hay manera de evitarlas porque, para desarrollar una empresa exitosa, debes crecer como persona.

Es entendible que a muchos soñadores les gustaría desarrollar una empresa de gran éxito sin nunca tener que salir de su zona de comodidad. Quieren mucho éxito, pero sin ningún estrés. Pretenden alcanzar grandes logros, pero sin experimentar ninguna clase de ansiedad. Desean obtener grandes recompensas, pero sin tomar riesgos, ni hacer mayores esfuerzos. Entiendo que así sería atractivo, pero, por desgracia, no es posible. Es como tratar de ir a nadar sin tener que entrar al agua. No puedes hacer una cosa sin la otra.

Cuando visualizas el desarrollo de tu negocio, ¿cuáles son algunas de las circunstancias que menos te agradan? ¿A qué le temes? ¿Qué te verás tentado a evitar, posponer o ignorar? ¿Cuáles son los puntos de acción a los que nunca te acercarías, así supieras que son importantes para el logro de tus metas? ¿Cuáles habilidades o acciones en el desarrollo de un negocio te hacen sentir tentado a descalificarte para no participar en el mundo empresarial?

Te conoces muy bien como para saber identificar tus reservas de inseguridad. Ya conoces los sitios donde vas a caminar arrastrando los pies. Ya identificas cuales son tus áreas internas de resistencia y es posible que incluso conozcas todas esas excusas y razones que te darás a ti mismo para evitar actuar en esas áreas.

El hecho es que tú identificas con facilidad aquellas actividades que te provocan incomodidad porque eres el experto en conocerte a ti mismo. Llevas mucho tiempo viviendo contigo y con todo lo que prefieres evitar.

Ahora, toma un momento y escribe esas destrezas o actividades que te incomodan. Este es tu primer paso para manejar tus temores en lugar de dejar que sean ellos los que te dominen a ti. Tu lista es únicamente para ti. Sin embargo, existen ciertas áreas comunes de incomodidad que muchos comparten. Algunas de ellas son: temor a hablar, rechazo, que se burlen de ti o te malinterpreten, no saber cómo darles respuesta a ciertas preguntas, no ser tomado en serio, etc. A continuación, escribe las tuyas:

Lo que quisiera poder evitar mientras desarrollo mi negocio:

1. _____

2. _____

3. _____

4. _____

5. _____

Después de elaborar tu lista, hazte estas preguntas: ¿por cuánto tiempo he vivido con esta área de incomodidad? ¿Qué precio ya he pagado por evitarla? ¿Qué precio pagaré en el futuro si sigo evitándola? ¿Es ese un precio muy alto? ¿Qué me comprometeré a hacer por mí y por mi negocio sin importar la incomodidad inicial?

Cuando permites que el temor controle tu vida estás renunciando a tu capacidad de ejercer control sobre las circunstancias que te rodean y permiendo que ese sentimiento negativo sea tu conductor elegido, uno que no vale la pena. En el mejor de los casos, solo te llevará en círculos. Y al final, te darás cuenta de que el temor no te condujo a ninguna parte y en cambio sí te mantuvo en ese mismo lugar que estabas tratando de dejar atrás.

¿Quieres las llaves del auto?

¿Entonces, a dónde quieres ir ahora? La elección y el poder son tuyos. Si ya estás en una compañía de mercadeo en red, o próximo a unirte a una, te sugiero que tú mismo seas el conductor elegido de tu vida y de tu futuro. Te lo recomiendo con gran especialidad. Tu participación sugiere que tu vida está en un cruce de caminos. Estás en la intersección de los VIEJOS HÁBITOS y LA NUEVA OPORTUNIDAD. Mi esperanza es que hagas el giro correcto hacia la Avenida de la Nueva Oportunidad. Y conforme avances por ella, también espero que:

1. Te permitas ser el conductor elegido.

2. Vigiles celosamente los audios que permites que suenen en tu mente.

3. Aceptes con gusto el hecho de que tus finanzas y tu futuro son tu responsabilidad.

4. No renuncies a tu capacidad de decidir entregándosela a otros o al temor.

5. Mientras conduces, recuerdes que "hoy es un gran día".

6. Esperes ganar.

7. Este es tu momento en el tiempo. Toma las llaves. Conduce tu negocio. Dirígete hacia el círculo de los ganadores. Es allí a donde perteneces.

PARTE TRES

El poder del liderazgo en el mercadeo en red

CAPÍTULO
NUEVE

LIDERAZGO EN UN EJÉRCITO DE VOLUNTARIOS

OBSERVA CUALQUIER COMPAÑÍA de mercadeo en red y sin falta verás un despliegue de títulos y posiciones disponibles para cualquier representante que trabaje con esfuerzo y eficacia. La mayoría de emprendedores que ha estado en una compañía por cierta cantidad de tiempo puede decirte con precisión qué se necesita para obtener tu siguiente título o promoción. Esta es una aspiración adecuada y coherente porque la posición más importante para los representantes es la siguiente que ellos tengan la posibilidad de alcanzar. El concentrarse en la siguiente promoción, teniéndola como meta, es lo que les da dirección en el desarrollo diario de sus negocios.

¿Pero qué significan los nombres y las posiciones? ¿Significan algo? ¿Tienen algún significado sustancial? ¿O solo indican la jerarquía o la cantidad relativa de ingresos que reciben quienes ostentan estos títulos y posiciones?

Creo que los diferentes títulos usados en las compañías de mercadeo en red son mucho más importantes que solo sugerir el éxito relativo que alguien haya alcanzado. En este campo, los títulos no son insignificantes, pues representan diversos niveles de liderazgo.

Pero hay preguntas que requieren respuestas: ¿qué significa ser un líder? ¿Cuál es la esencia del liderazgo? ¿Cómo puedo desarrollarme como líder? ¿Cómo puedo ejercer liderazgo en una compañía de mercadeo en red en la que todos son representantes independientes? Estas preguntas son cada vez más importantes a medida que nuestro equipo de trabajo crece, dado que los que hacen parte de él buscan alguna clase de liderazgo o dirección de nuestra parte.

El mercadeo en red requiere la forma más elevada de liderazgo

Uno de los aspectos más positivos y únicos del mercadeo en red es la manera de ejercer el liderazgo. En realidad, este tipo de mercadeo requiere de un nivel de liderazgo más elevado que el que se exige en lugares de trabajo tradicionales. No hay espacio para las formas negativas de liderazgo que suelen manifestarse en el entorno laboral tradicional. No se puede hacer uso del temor, ni de la culpabilidad, la vergüenza o la intimidación como sustitutos del liderazgo genuino. Y este es uno de los aspectos más atractivos para los emprendedores que se involucran en esta industria. Y además, es lo que hace que el liderazgo de desarrollar un equipo sea tan maravillosamente desafiante.

En el mercadeo en red, los equipos o los representantes no tienen líneas de autoridad formales. Ellos no trabajan "para nosotros". Tampoco podemos despedirlos, ni retenerles sus salarios, ni sus ascensos, ni sus bonos. Ni decirles cuándo, dónde o cómo van a trabajar como integrantes de nuestro equipo. No tenemos "esposas de oro" para mantenerlos trabajando. Y como no tenemos autoridad formal sobre ellos, ¡no podemos obligarlos a hacer nada! Ellos son voluntarios. Ellos pueden estar ausentes y salir todas las veces que quieran. ¡Y no hay nada que podamos hacer al respecto! Nosotros somos líderes en medio de un ejército de voluntarios. Y como tales, esto exige la mejor y más elevada forma de liderazgo.

¿Qué significa ser un líder?

Repasemos unas ciertas descripciones estándar de liderazgo que suelo usar:

1. Un(a) líder es alguien que conoce hacia dónde se dirige y sabe cómo motivar a otros a ir con él(ella).

2. Un(a) líder sabe cómo responder tres preguntas: ¿hacia dónde vamos? ¿Cómo vamos a llegar allá? ¿Por qué lo estamos haciendo de esta forma?

3. El liderazgo es mostrarle a otro el camino y luego salirse del camino.

4. El liderazgo consiste en brindarles habilidades y motivación a otros.

5. El liderazgo por título o posición es diferente al liderazgo por influencia.

El liderazgo se define de muchas maneras. Sin embargo, en el mundo del mercadeo en red existen unas cualidades del liderazgo que son necesarias de entender, sin importar cuál sea la definición de liderazgo que prefieras en particular. Algunas de estas cualidades incluyen modelar a otros, serviles y ser paciente con ellos.

El liderazgo es modelar para otros

Si pudieras ensamblar tu equipo ideal de mercadeo en red, ¿cuáles serían algunas de las características comunes que más quisieras ver en los miembros que lo integrarían? ¿Qué comportamientos o hábitos tendrían que tener? ¿Qué tendrían que hacer ellos para impactar de manera positiva el crecimiento de sus negocios?

¿Qué les modelarías a los demás? Para comenzar, miremos la siguiente lista:

- Alguien con iniciativa
- Trabajador esforzado
- Que trabaje bien con los demás
- Visionario/emprendedor
- Que no se desanime con facilidad
- Que mantenga una actitud positiva y optimista
- Que sea entusiasta y motivado
- Que tenga conocimiento adecuado del producto
- Que trace y cumpla metas diarias/semanales
- Que no tome los "no" como algo personal
- Que permanezca en el negocio en el largo plazo

Cualidades deseadas en un equipo de distribuidores y representantes

Íntimo y personal

Ahora, llevemos esta lista a un nivel "íntimo y personal". A medida que los demás observan el desarrollo de nuestros negocios, ¿qué nos ven modelar? Nos guste o no, nuestros equipos harán lo que nosotros hacemos. Nos verán actuar y seguirán nuestro estilo de liderazgo. En pocas palabras: nos copiarán. Los representantes que se vinculen a nuestros equipos nos verán como sus puntos de referencia. Observarán lo que hacemos y concluirán que así es como se hacen los negocios en esta organización. Es por esto que es importante entender que *una dimensión vital del liderazgo efectivo es modelar.*

Si esperamos que los nuevos miembros lleguen a tiempo para nuestras reuniones, ellos deben ver que nosotros llegamos a tiempo. Si han de tomar en serio nuestros eventos, deben ver que nosotros también los tomamos en serio. Muy a menudo, he visto líderes con una buena cantidad de tiempo en sus negocios de mercadeo en red que se comportan como si estuviesen demasiado ocupados o como si fuesen muy importantes como para permanecer durante toda una presentación de negocios una vez más. Suelen sentarse en la parte de atrás del salón (o se salen del sitio) para poder hacer "cosas más importantes". Y cuando lo hacen, cometen un grave error. Aunque creen que están mostrándoles a los demás que están muy ocupados y que son muy importantes, en realidad, están equivocados. Lo que este comportamiento sugiere es que si se comportan de esa manera, eso significa que ya no se emocionan respecto a su negocio. El lugar para los líderes está en la reunión, en las primeras sillas, obligándose a sí mismos a mantenerse concentrados, energizados y animados respecto a la misma oportunidad de negocios que han visto, escuchado o presentado muchas veces. Lo más importante en este negocio es que el líder debe tener presente que él(ella) está modelando a otros, mostrándoles que todavía se emociona con su negocio.

Si queremos que los demás hagan reuniones en sus casas, ¿estamos nosotros también haciéndolas? Si queremos que nuestros equipos compartan sus negocios con otros, ¿están viendo ellos que nosotros también lo hacemos? Si queremos que nuestros equipos utilicen la tecnología (una conferencia telefónica cada semana, usar el sistema de buzón de voz, el correo electrónico, las videoconferencias, el fax sobre pedido, etc.), ¿estamos siendo buenos ejemplos en el uso de estos recursos? Si queremos que ellos tengan productos adecuados para desarrollar sus negocios, ¿ven ellos que estamos usándolos? Si queremos que quienes integran nuestro equipo asistan con frecuencia a reuniones y congresos, ¿ven ellos que nosotros asistimos? Si queremos que estén disponibles para los demás, ¿devolvemos pronto las llamadas y ayudamos a los representantes nuevos? ¿Ven ellos nuestro ejemplo con estas acciones?

El concepto de modelar nos hace recordar que existe una correlación directa entre lo que los líderes *hacen* y lo que se *duplica* en sus equipos. Es por eso que el dicho respecto a liderazgo es cierto: "Si quieres que tu equipo sangre, ¡entonces tú debes tener una hemorragia!". Los novatos en el mercadeo en red tendrán en cuenta a quienes están más adelante de ellos para marcar su paso, ver el camino a seguir y modelar su actitud, vigor y forma de construir el negocio y desarrollar el equipo.

Un aspecto irónico de dar ejemplo es ver qué es lo primero que los miembros de tu equipo aprenden de ti con mayor rapidez. Obervarás que quizá se tarden en duplicar todo lo que hagas bien; sin embargo, en muy poco tiempo, identificarán y replicarán tus hábitos nada útiles en el desarrollo del negocio. Cuando pienses en las cualidades y hábitos ideales, te gustaría verte representado en tu equipo; por tal razón, asegúrate de estar modelándolos lo mejor que puedas. Este es tanto el privilegio como la responsabilidad del liderazgo.

El liderazgo consiste en servirles a otros

Las posiciones y los títulos de liderazgo tienden a sonar pomposos y desde la distancia el liderazgo parece glamoroso, divertido y lleno de eternos elogios y privilegios. Quienes están en importantes posiciones de liderazgo gozan, supuestamente, de la admiración de muchos y del desagrado de pocos. Sus posiciones de liderazgo sugieren el prestigio y el honor que suelen acompañar a un líder exitoso. Para los de afuera, el liderazgo tiene todo el perfil de ser un estilo de vida excepcional y de mucho disfrute. Sin embargo, cuando se examina más de cerca, el liderazgo tiene otras dimensiones que suelen ser menos atractivas.

Quienes disfrutan de los aspectos satisfactorios de su posición de líder han estado cumpliendo con sus deberes en otras áreas que son todo, menos envidiables. Mucho antes de ver a alguien disfrutar de los frutos de su liderazgo en público es seguro que esa persona se ha ganado en privado el derecho del elogio público o del éxito personal. Habrá cumplido con su parte de mil maneras y durante mil días e hizo todo lo que otros no estuvieron dispuestos a hacer. Por todo eso, ahora goza de los privilegios de los que otros no disfrutan.

El corazón del liderazgo

¿Qué hay en el corazón del liderazgo? En esencia, es mucho menos glamoroso de lo que crees. Liderazgo es una palabra pomposa para la posición de siervo principal. Significa que tú eres el mesero, el jefe, el cocinero y el lavador de botellas principal.

Quienes lo han alcanzado saben que el liderazgo significa largos días, trabajo duro y mayores responsabilidades. Ellos saben que:

El liderazgo es el privilegio de:

– *Trabajar mientras otros duermen.*

– *Leer o investigar cuando otros descansan.*

– *Pasar tiempo dirigiendo tus negocios en tanto que otros se divierten jugando al golf.*

– *Trabajar duro en tus negocios para hacer realidad tus sueños cuando otros se esfuerzan para bloquear la realidad de no tener sueños.*

– *Orar pidiendo sabiduría mientras que otros juegan sin preocupaciones.*

– *Entregarte rutinariamente a tu equipo al mismo tiempo que otros se entregan a la televisión.*

– *Ignorar la fatiga y concentrarte en las metas diarias mientras que otros se rinden y olvidan sus objetivos diarios.*

– *Servirles a tus equipos y a tus propias metas de vida cuando otros no tienen metas ni equipos a los cuales entregarse.*

– *Gozar de gratificación retrasada. Hacer lo que tal vez no deseas hacer hoy para poder hacer, tener y convertirte en lo que quieres en el futuro. En cambio, los que no son líderes hacen todas las insignificantes pequeñeces que quieren hacer hoy a expensas de todas las grandes y significativas cosas que desean en el futuro.*

El lado "no tan glamoroso" del liderazgo

En realidad, los líderes son personas que se han rendido. Se han entregado a sus sueños, metas y equipos. Viven cada día a la luz de ellos. Lo irónico es que entregarse a todo eso es lo que les da fuerza y concentración. Eso es lo que los hace resistentes.

Mientras aprenden a serlo consigo mismos, los verdaderos líderes también entienden el arte de trabajar con los demás. El liderazgo, en especial en el contexto del mercadeo en red, requiere que seamos pacientes, positivos y honestos con quienes nos rodean. Saber cómo y cuándo usar cada una de estas cualidades resulta ser una de las dimensiones más importantes del liderazgo efectivo.

Como líder, sé paciente con los representantes

Cuando los líderes comienzan a entender el poder del mercadeo en red, así como del crecimiento exponencial de sus empresas, también comienzan a desear más y más un equipo de representantes motivado y con iniciativa. Empiezan a sentir lo que podría significar tener decenas, luego cientos y luego miles de representantes en un equipo que trabaja varias horas a la semana.

Comienzan a ver que por sí mismos no pueden trabajar en sus negocios más de cincuenta horas por semana o doscientas horas al mes. (50 horas a la semana x 4 semanas = 200 horas). También saben que si trabajan esta cantidad de horas, tendrán poco tiempo para disfrutar del fruto de su trabajo. En cambio, si tuviesen quinientos representantes en su equipo, trabajando en promedio solo cinco horas por semana, ¡entonces el número total de horas invertidas en su negocio saltaría a un global de 10.000 horas hombre al mes! (500 personas x 5 horas x 4 semanas) ¡Y ninguno sentiría una sobrecarga de trabajo!

Cuando los líderes experimenten lo que significa aprovechar el tiempo mientras se generan ingresos residuales tendrán un nuevo aprecio por los integrantes de sus equipos que establecen metas, mantienen la concentración y trabajan de manera consistente. Al mismo tiempo, se van a ver tentados a frustrarse o impacientarse con aquellos que parecen estar haciendo muy poco. Desearán que tengan más entusiasmo, motivación, actividad y productividad. Comenzarán a decir frases como: "Solo quisiera poder encontrar gente dispuesta a trabajar en este negocio tan duro como yo. ¡Me encantaría encontrar a alguien como yo!"

Y es entendible, pues en algún punto a lo largo del camino cualquier persona que tome en serio el desarrollo de un negocio descubrirá una de las grandes verdades sobre la vida en el mundo del mercadeo de red:

¡Lo mejor de este negocio también es lo peor de él!

Nuestra capacidad de hacer crecer un equipo, generar ingresos residuales y riqueza depende por completo de los esfuerzos de otros. Se necesitan empresarios con la misma mentalidad. Sin embargo, como líderes, necesitamos paciencia en tanto que los encontramos o los formamos.

Para desarrollar paciencia con tus representantes, ten en cuenta que:

1. La vida privada de los nuevos representantes no se detiene ante el hecho de que ellos se hayan unido a tu equipo y a tu compañía.

2. Poner la firma en el papel para vincularse como representante no es lo mismo que firmar con corazón, mente y voluntad.

La vida de tus representantes no para porque ellos se hayan unido a tu equipo

En la mayoría de casos, quienes se unen a tu equipo ya tenían su agenda de actividades llena antes de involucrarse con tu negocio. Ya estaban ocupados y no les es fácil tratar de reorganizar su ritmo, ni su horario de vida. Sé paciente mientras ellos descubren cómo ajustar su nuevo negocio a su rutina diaria.

Es fácil decirles que la belleza del mercadeo en red consiste en que ellos pueden desarrollar su negocio trabajando a tiempo parcial y según su conveniencia. Pero luego, después de que se unen, ¡en secreto desearás que de inmediato desarrollen sus propios negocios trabajando casi a tiempo completo! Queremos que nuestros representantes tengan la misma pasión, convicción y celo que nosotros. No importa cuán comprometidos estén con el hecho de desarrollar su negocio, recuerda que ellos todavía deben atender sus relaciones, ir a sus trabajos, pagar sus cuentas, atender sus asuntos, etc.

"Si quieres que tu equipo sangre, ¡entonces tú debes tener una hemorragia!"

Inscribiéndose en papel...

Los líderes también deben recordar que firmar una solicitud para vincularse como representante no es lo mismo que firmar con corazón, mente y voluntad. Estos suelen ser dos eventos independientes. Muchos se vinculan a una compañía de mercadeo en red porque, por un momento, vieron el poder y el potencial de esta industria por medio de alguna forma de presentación de negocios. Sin embargo, poco después de firmar, la emoción y la disposición para trabajar en este campo comienzan a fragmentarse. En sus mentes empiezan a sonar viejos audios; viejas creencias los llevan a regresar a los mundos que conocen. Regresan a sus "zonas de comodidad" y empiezan a dudar de esa misma oportunidad que los animo tanto cuando se inscribieron.

Esta "batalla de creencias" suele suceder con cualquier persona que comienza algún nuevo emprendimiento. En el mercadeo en red, muchos pierden la batalla en lugar de ganarla. Es por esto que las primeras horas, días y semanas en el negocio son tan críticas. Al igual que un bebé recién nacido, puede haber nuevos representantes, pero ellos no están en capacidad de ser autosuficientes, sino que requieren de apoyo, asistencia y dirección de parte de los que están en un nivel superior al de ellos, sobre todo, a medida que sus creencias van tomando forma y fuerza.

Muchos representantes comienzan sus negocios con mucha emoción y una modesta cantidad de convicción o confianza. Este es un punto de partida aceptable. Sin embargo, con el tiempo, la creencia y la convicción deben convertirse en la base para el crecimiento de un negocio. Estas características también deben convertirse en una fuente de emoción, ya que proporcionan poder de permanencia y resiliencia. Mientras se desarrollan la creencia y la convicción, los líderes deben ser pacientes; ellos saben que los nuevos representantes todavía están ordenando sus creencias. Y aunque los nuevos representantes no sean conscientes de ello, están desarrollando respuestas a las siguientes preguntas:

❖   *¿Qué pienso de la compañía a la que estoy afiliado?*

❖   *¿Qué pienso sobre los productos/servicios que representamos?*

❖   *¿Qué creo con respecto al mercadeo en red como una estrategia de negocio/marketing?*

❖   *¿Qué pensarán otros acerca de esta industria, de la empresa y los productos que represento?*

❖   *¿Qué pienso sobre el potencial de compensación en esta empresa?*

❖   *¿Creo que es posible tener éxito en esta empresa si se trabaja duro, de manera consistente y sin renunciar?*

❖   *¿Considero que voy a trabajar duro en este negocio, de manera consistente y sin renunciar?*

❖   *¿Creo que tengo la capacidad de tener éxito en este negocio?*

❖   *¿Creo que voy a tener éxito en este negocio?*

❖   *¿Creo en mí mismo?*

Para que los representantes tengan éxito en el mercadeo es necesario que desarrollen estos niveles progresivos de creencia. Y mientras los desarrollan, los líderes deben ser pacientes con cada nuevo miembro del equipo. (Observa que las creencias más importantes y más personales están al final del proceso).

¿Cuál es el ingrediente que permite que algunos representantes avancen como si no hicieran ningún esfuerzo a lo largo de todas estas preguntas que es necesario enfrentar en cualquier empresa importante? ¿Qué hace que algunos representantes vinculados con el mercadeo en red puedan trabajar duro, mantener la concentración y desarrollar sus negocios mientras otros solo se desvanecen? Hay muchos elementos que influyen en la capacidad de cada representante para persistir en su tarea. (La claridad de sus sueños, sus niveles de disciplina, las fortalezas de su ego, los niveles de apoyo que recibe de su equipo, etc.). Pero, por ahora, démosles una mirada a las características más comunes a todos los que están involucrados en un negocio de mercadeo en red a largo plazo. Entenderlas les ayuda a los líderes a ser pacientes con sus representantes.

Los líderes comprenden "los tres combustibles"

Considera tu participación en una empresa de mercadeo en red como competir en una carrera. Ahora, imagina que los corredores cobran fuerzas con tres fuentes diferentes de combustible: entusiasmo, compromiso y convicción. Cada una de estas fuentes es muy importante y tiene una función diferente.

Entusiasmo: combustible # 1
Compromiso: combustible # 2
Convicción: combustible # 3

El entusiasmo es un buen combustible para carreras cortas. El compromiso es un buen combustible para carreras intermedias. La convicción es el único combustible suficiente para una maratón.

Entusiasmo: combustible # 1

El proceso de inicio en el mercadeo en red es el mismo para muchas personas: escuchan hablar del negocio, perciben el potencial financiero e imaginan que alcanzar el éxito en este negocio podría cambiar su vida. Todo esto junto es lo que alimenta su entusiasmo. Como resultado, las conecta y motiva. De hecho, teniendo el entusiasmo como su única fuente de combustible, salen de sus puntos de partida a toda velocidad. O, como Bob Torsey bromea diciendo: "¡Comienzan con la ignorancia!" La carrera parece tan simple que están seguras de que esta no será una carrera de más de 100 metros. En la línea de meta ven oportunidad, potencial y riqueza.

Pero en algún punto de la carrera, los nuevos representantes comienzan a caer en cuenta de que no se trata de una carrera corta de 100 metros. Ni siquiera es una carrera de 800 o 1.000 metros. Es una maratón. Y esta emergente toma de conciencia, entendiendo que el desarrollo de un negocio grande de mercadeo en red no es una carrera corta, ni tampoco es "solo un paseo por el parque", es la que conduce a los representantes al primer gran punto de decisión: ¿cómo van a responder a esta realidad? ¿Y qué deben hacer ahora que su suministro de combustible de entusiasmo está empezando a menguar?

En este punto, muchos representantes se detienen por un momento para descansar y nunca más se vuelven a ver en la pista de carreras. ¿Qué les sucedió? Que no tenían ningún otro suministro de combustible del cual tomar para mantenerse en marcha. Así que, cuando se les agotó su entusiasmo, ellos también se agotaron.

Una de las carreras cortas más notorias que recuerdo fue la de un invitado que llegó a una reunión como un escéptico declarado. Al finalizar la reunión, fue el primero en sacar su chequera y registrarse. Acto seguido, salió corriendo de la reunión, seguro de que no necesitaba más tiempo de entrenamiento e instrucción. Se fue a casa para hacerse rico en una sola noche. Tomó el teléfono, encendido en ignorancia, y su hermana no tardó en rechazar su oferta. Eso le bastó para que llamara al anfitrión de la reunión para decirle que daba por terminado su nuevo negocio. Su actitud me hizo reír a carcajadas. ¡Ese hombre no corrió 20 metros sin chocar con una pared! No duró dos horas en el negocio. ¿Qué le sucedió? Que cometió el error común de pensar que podía generar riquezas en serio sin trabajar en serio. Descubrió que se necesita más que entusiasmo para ganar en el mercadeo en red. Cuando el suministro de combustible se le acabó, él también terminó acabado.

¿Cómo pueden los otros dos combustibles, compromiso y convicción, ayudarte a sostenerte hasta llegar a convertirte en un corredor de larga distancia? El primero te hará un corredor de distancia intermedia y el segundo te hará un corredor de maratón.

La cola que menea al perro

Muchos representantes que se unen a una compañía de mercadeo en red están llenos de entusiasmo. Tienen razones genuinas para sentirse muy entusiasmados. Sin embargo, existen demasiados representantes que empiezan sus negocios con entusiasmo, pero con poco compromiso y convicción. Y cuando su entusiasmo y emociones comienzan a disminuir, no cuentan con ningún sistema de respaldo. No tienen de dónde más tomar energía, así que desarrollan su trabajo basándose en sus emociones y sentimientos. Si se sienten motivados o inspirados, tendrán cómo lograr algún propósito. Pero no harán nada sin el único suministro de combustible que conocen: el entusiasmo.

"Los líderes hicieron lo que otros no estuvieron dispuestos a hacer. Ahora, gozan de los beneficios que otros no tienen".

Cuando nuestros sentimientos y emociones se convierten en el cimiento principal de las decisiones de comportamiento estamos en riesgo. En este punto, nuestros sentimientos nos dirigen hacia el camino de menor esfuerzo y hacia lo que se sienta más cómodo en el momento. Cuando esto pasa, la cola está meneando al perro. La vida con propósito e intención se mantiene cautiva según los caprichos del deseo momentáneo.

Cuando el entusiasmo disminuye, los representantes necesitan de otra fuente más de la cual tomar fuerzas para seguir en marcha. Así como algunos camiones vienen equipados con dos tanques de combustible para que el conductor pueda cambiar de tanques cuando alguno de los dos se agota, los representantes también necesitan cambiar a otro tanque de combustible cuando su suministro de combustible de entusiasmo se está agotando. Y ese siguiente tanque de combustible al cual cambiar es el compromiso.

Compromiso: combustible # 2

El compromiso se basa en más que sentimientos o emociones. Le aporta la fuerza de la voluntad y de la mente al proceso de decisión. Cuando los representantes abordan sus negocios con compromiso tienen un sentido de propósito y enfoque. Ellos saben por qué quieren desarrollar su negocio, qué quieren del mismo y tienen una visión más a largo plazo. Ven más allá de sus sentimientos inmediatos. Y al tener un compromiso fuerte mantienen el enfoque a largo plazo.

Pueden anular o ignorar las emociones y sentimientos que los animan a renunciar, seguir la inercia o retroceder durante un tiempo. Esta capacidad que tiene el compromiso para "usar su influencia" sobre las emociones que claman por comodidad inmediata es un componente muy significativo de la madurez en la vida. En el mercadeo en red, es este el que nos proporciona el combustible necesario para seguir adelante cuando comenzamos a comprender la realidad de que desarrollar nuestros negocios no es ni una carrera corta, ni trotar por diversión y ejercicio.

Sin embargo, habrá necesidad de hacer estiramientos cuando el mismo compromiso sea sometido a una dura prueba en la carrera de construir un equipo y un negocio grandes, así como ocurre con cualquier otro logro importante en la vida: nos probará al máximo. Es en este punto de decisión que podemos comenzar a disminuir la marcha o cambiar de tanques y alimentarnos de convicción. Este suministro de combustible superior es el que nos permite disponernos para la maratón del mercadeo en red. Resulta irónico que cuando los representantes aprovechan la convicción haya un gran reabastecimiento de entusiasmo y compromiso.

Convicción: combustible # 3

¿Qué es la convicción? Es una creencia inquebrantable. Es una actitud. Es un estado mental. Es una fe incuestionable. Es tener confianza interna. Es certidumbre. Es el firme conocimiento de que "¡mi negocio me va a funcionar si yo me enfoco en desarrollarlo!". Es lo que les da a los representantes coraje y tenacidad inamovibles cuando "chocan contra la pared" en la maratón del mercadeo en red. Los mantiene en marcha cuando la fatiga, el crecimiento lento o la duda los tientan a dejar de soñar, de esperar y de trabajar. La convicción es la única característica común de cada persona que tiene el poder de permanencia en el mercadeo en red.

¿Cómo se desarrolla la convicción en un negocio de mercadeo en red? La convicción interna suele desarrollarse por ósmosis. Se asimila mediante el tiempo que uno pasa con otras personas que la tienen. Es por eso que la asociación es un componente de éxito tan crítico y esencial. Los representantes llegan a ser como aquellos con quienes se asocian. Y cuando asumen la actitud de observar, escuchar, interactuar y aprender de los líderes que tienen convicción, estas características también comienzan a crecer dentro de ellos.

El crecimiento de la convicción también es una fusión de tiempo, experiencia y éxito. El éxito llega si los representantes les dan a sus negocios suficiente tiempo y hacen lo necesario para aprender a desarrollarlos de manera efectiva. Y el éxito tiene una capacidad única de recrearse. El éxito genera más éxito. Como la levadura en la masa de pan, el éxito sigue creciendo cuando está en el ambiente adecuado.

"La convicción es la única característica común de cada representante que tiene el poder de permanencia en el mercadeo en red".

A medida que tu equipo crece...

Si a tu equipo llega un nuevo participante del mercadeo en red, dale tiempo para que desarrolle convicción. Está bien empezar con entusiasmo y compromiso. Esas son dos maravillosas cualidades. Sin embargo, siento lástima de aquellos que enfrentan la vida sin ellas. Y a medida que un representante desarrolle su negocio de manera consistente, descubrirás que su nivel de convicción también ha ido creciendo en silencio.

Tu equipo crecerá en la misma medida en que crecen tu negocio y tu convicción. Conforme esto vaya sucediendo, sé paciente con los demás mientras ellos aprenden a aprovechar el combustible de la convicción. Recuerda que poner la firma en el papel para vincularse a tu negocio no es lo mismo que firmar con corazón, mente y voluntad. Estos suelen ser eventos independientes. Las creencias de tus representantes aún están en desarrollo. Mientras tanto, sé ejemplo para ellos con tu propio entusiasmo y compromiso. Permíteles que sientan que su propia convicción está en ascenso. Deja que el poder de asociarse contigo sea lo que los energice para seguir creyendo, esperando y trabajando.

A medida que lideres tu equipo en crecimiento, ten presente que el liderazgo es solo una palabra de fantasía para "siervo". Llegas a ser el jefe de meseros, el que trabaja más duro, da más y marca el ritmo. Después de aceptar la responsabilidad del liderazgo, un día conocerás su lado opuesto... sus beneficios.

Este punto lo entendí con claridad hace poco, mientras mi esposa y yo compartíamos un almuerzo con Bob y Liz McEwen. Bob es un exmiembro del congreso que, junto con su esposa, ahora trabaja a tiempo completo en una de las principales empresas de mercadeo en red. Los dos entienden mucho de la naturaleza del liderazgo. Mientras nos relajábamos después del almuerzo, les pregunté cómo se modela el liderazgo en su organización y me mencionaron que su patrocinador es uno de los empresarios de mayor éxito en la Historia del mercadeo en red y también uno de los más ricos de los Estados Unidos. Cuando les pedí que me explicaran el éxito fenomenal de este triunfador, Liz solo respondió: "Él podría ser un rey, pero lo único que quiere es ser un hacedor de reyes".

¿Quieres desarrollar una organización grande y exitosa? Sigue el ejemplo de este líder. No trates de ser un rey o una reina. En lugar de eso, sé un hacedor de reyes y de reinas. Todo lo demás se irá acomodando solo. Recuerda, el liderazgo es solo una palabra estilizada para siervo.

CAPÍTULO
DIEZ

LIDERAZGO: AYUDÁNDOLES A OTROS A SER LOS MEJORES

EL MERCADEO EN RED NO SOLO se trata de generar ingresos significativos. La dignidad y las riquezas de esta industria suelen pasar desapercibidas cuando trabajamos por marcar una diferencia entre lo que nuestros representantes piensan con respecto a sí mismos, a lo que pueden llegar a ser y a lo que pueden hacer. Aunque el liderazgo tiene numerosos aspectos atractivos, este, para mí, sobrepasa a todos los demás.

A muchos con capacidades de líderes les fascina pensar en alcanzar títulos o posiciones de liderazgo. Es más, les gusta pensar en desarrollar habilidades de liderazgo. Pero otros, incluso los que ya están en posiciones de liderazgo, a veces tienen un concepto muy bajo de lo que debe hacer un líder. Esto es cierto en particular cuando avanzan más allá de sus tareas diarias, hacia el arte de trabajar con los que tienen el honor de liderar. Algunos pueden ser mejores haciéndose cargo de tareas o actividades, que de personas. Si bien, hacer el trabajo y ser productivo son componentes vitales del éxito, no lo son todo cuando se trata de liderazgo.

Los líderes hábiles saben qué hacer con las personas que lideran. Conocen el arte y la ciencia de trabajar con otros. En el mercadeo en red hay muchos aspectos que debemos tener presentes como líderes si hemos de desarrollar negocios y equipos grandes. Entre los atributos de liderazgo más importantes está el de creer en la gente, incluso más de lo que ellos creen en sí mismos; y además, también es crucial tener o desarrollar la capacidad de saber cómo ser honestos, incluso cuando lo que tengamos que decir sea difícil.

Cree en ellos más de lo que ellos creen en sí mismos

Para cuando llegamos a la edad adulta todos hemos hablado más palabras de las que podríamos contar. Lo curioso es que, aunque hablamos todos los días, la mayoría de nosotros nunca ha comprendido por completo el poder que tiene el lenguaje para transformar una vida o iluminar un poco más el día de otra persona. Los líderes deben entender el poder del verdadero ánimo.

Muchos trabajan con mercadeo en red (así como muchos trabajan en la política o en el mundo corporativo) y tienen gran éxito por una razón primordial: que alguien creyó en ellos más de lo que ellos creyeron en sí mismos. El poder que tiene el hecho de que alguien haya creído en ellos les dio suficiente entendimiento para ponerse de pie y comenzar. Les brindó la energía necesaria para ir tras sus sueños, hecho que, a su vez, se convirtió en la realidad que cambió su vida.

Evita el liderazgo que se basa en la vergüenza

Cuando los que integran tu equipo no hacen tanto como quisieras que hicieran, ten cuidado de valerte del liderazgo basado en causar vergüenza. Muchos líderes usan la culpa y la pena para tratar de motivar a otros. Esta es una forma común, pero poco sofisticada de liderazgo. La esencia del verdadero liderazgo está en edificar a las personas, no en derribarlas. Esto es particularmente importante en el mercadeo en red porque los representantes no tienen por qué permanecer donde haya abusos, ni soportarlos. Muchos de ellos ya tienen a otros en su entorno laboral o familiar que les recuerdan a diario que, supuestamente, no dan la talla. Y si nosotros también comenzamos a sonar como otro acusador más que les dice que en esencia ellos son una decepción y un fracaso, no tardarán mucho en irse, ya que, precisamente, lo que están buscando es un grupo de referencia positivo y motivador. Como líderes, si sabemos cómo brindarles esto que ellos buscan, liberaremos una fuente de talentos, energía y concentración que hasta el momento no ha sido aprovechada.

Mira lo que tienen y di lo que ves

Observa a aquellos con quienes tienes el privilegio de trabajar. ¿Qué rasgos o cualidades ves en ellos que sean sus herramientas útiles para su éxito en el futuro? (Por ejemplo, analiza si se destacan al trabajar con otras personas o en cuidar de los detalles. ¿Tienen iniciativa? ¿Son buenos realizando los trabajos por completo, son creativos, juegan en equipo, están llenos de entusiasmo y de risa, son bien recibidos por los demás?). Como líder, estudia sus fortalezas. Mira lo que ellos tienen y luego diles lo que ves. No dejes de expresarles tus observaciones positivas. Hay una razón por la cual Mark Twain comentó que podía correr durante treinta días con la energía que le generaba un cumplido. Él entendió que las palabras de ánimo genuino permiten que las personas vivan en un estado de valentía continuo.

Saber cómo animar a otros de manera legítima no impide que, como líderes, también tengamos que comunicarles malas noticas en ciertos momentos específicos. En realidad, he aprendido que las personas son más receptivas a creer lo que debo decirles cuando tienen la certeza de que también voy a expresarles los aspectos difíciles de manifestar.

Como líder, aprende a ser honesto con los demás

Uno de los aspectos que más disfruto del mercadeo en red es la calidad de personas que atrae esta industria. En su mayoría, se trata de un grupo de personas maravillosas: amigables, corteses, extrovertidas, emocionadas ante las posibilidades de la vida; todo esto hace que sea agradable estar con ellas. En muchos casos, su mayor fortaleza es que ellas se relacionan con los demás de una manera fácil y amigable. Esta es una excelente cualidad. Pero cuando se lleva al extremo, tiende a ser una responsabilidad en el área del liderazgo, dado que hay momentos en los que los líderes deben decir cosas duras que pueden ser difíciles de escuchar. En ocasiones, ellos deben dar noticas que no es divertido escuchar, ni dar. Pero esta es una parte necesaria del liderazgo.

Sin embargo, en muchos grupos de mercadeo en red, la atmósfera es tan positiva, que les da la bienvenida a todos y dentro de ella hay quienes aprenderán a desarrollar sus negocios a la medida de sus necesidades, disfrutando de la libertad de hacerlos como deseen y aplicando el eslogan de Outback Steakhouse: "Aquí no hay reglas, solo haz lo correcto". En cierta forma, esto es verdad porque no tenemos una autoridad formal sobre nadie. Por otro lado, las actitudes de las personas comienzan a cambiar a medida que ellas "cumplen con su deber" mediante el paso de los años y van desarrollando sus negocios. Comienzan a tomar mucho más en serio su negocio. En consecuencia, también comienzan a asumir su liderazgo y desarrollan una habilidad cada vez mayor para hablarles a otros con franqueza.

En un comienzo, muchos emprendedores intentan liderar sus organizaciones en crecimiento tratando de evitar la necesidad de ser honestos con los demás. Ese es un buen deseo, pero es imposible hacerlo. Ten cuidado de no confundir el hecho de ser amigable o popular con la realidad de ser líder; esto no siempre es lo mismo. *Si tu meta es agradarles a todos, te será difícil liderar.*

Con el tiempo, muchos líderes aprenden el valor de la honestidad, pero de la manera difícil. Comienzan a hablar con franqueza solo por exasperación, frustración o cansancio ante aquellos representantes que no son efectivos en el desarrollo de sus negocios. Por desgracia, lo hacen solo como un último recurso.

En su función inicial como líderes, ellos intentan ser demasiado "flexibles" con quienes integran su organización. Asumen una actitud de juego y actúan como si la carencia de productividad de un representante o su mala actitud no fueran un problema. Quizás estos líderes intenten ignorar detalles, mirar hacia otro lado o tragarse su frustración. Por ejemplo, la mayoría de veteranos del network marketing sabe cómo es volar o conducir cientos de millas para asistir a una reunión mal promocionada. Llegan y se encuentran que allí no hay invitados nuevos. Y muchos de los representantes que ya están en sus grupos de negocios ni siquiera están presentes. Y para mantener elevada la moral de su equipo, terminan disimulando su frustración ante toda esa situación. Es como si todo el tiempo, dinero y energía que han invertido para llegar a la reunión no valieran.

*"Tienen éxito por una razón: alguien creyó en
ellos más de lo que ellos creyeron en sí mismos".*

Con el tiempo, muchos de estos empresarios descubren que tienen un caso masivo de "indigestión emocional". Como líderes, comienzan a sentirse más como idiotas que como siervos. Empiezan a pensar que aquellos representantes a los que están tratando de ayudar no toman en serio su tiempo, ni sus esfuerzos. Por último, entienden que, aunque deben estar disponibles para los demás, no desean que nadie se aproveche de ellos. Se dan cuenta de que sus métodos no están funcionando y que, en lugar de desarrollar un equipo de representantes independientes, están conformando un equipo de personas DEPENDIENTES que no crecen como equipo, ni como líderes.

Esta puede ser una experiencia muy importante y útil para la mayoría de representantes. Si la manejas como es debido, no harás que ellos se sientan enojados, ni llenos de frustración y amargura. En lugar de eso, los harás más resistentes, más fuertes, más esforzados y directos. Los liberarás para que sean sinceros con aquellos a quienes están tratando de liderar. Así es como comienzan a ser más honestos, a definir límites y a aclarar expectativas.

Diciendo la verdad

En el verdadero liderazgo, el derecho a decirle las cosas difíciles a otra persona no se obtiene porque uno tenga un cargo formal de liderazgo. Más bien, proviene de *haberse ganado el derecho* a decirlas. Lo adquirimos *después* de que la gente que trabaja con nosotros tenga la certeza de que en realidad nos interesamos en ellos; después de que se dan cuenta de que creemos en sus capacidades y que queremos impulsarlos para que ganen en sus negocios. Ocurre cuando ellos ya confían en que nosotros estamos comprometidos con su bienestar. (Saber esto también los dispone a que estén mucho más dispuestos a escucharnos).

Adicional a esto, saber *qué* decir, *cómo* decirlo, y *cuándo* hacerlo resulta ser un aspecto vital de madurez en el liderazgo. Quizás es por esto que el Rey David escribió: "Un hombre sabio elije bien sus palabras y añade persuasión a sus labios". Él entendió la importancia de seleccionar las palabras, en especial cuando tenemos que decirle a alguien algo difícil de digerir.

Las dos partes de la honestidad: contenido y contexto

La honestidad tiene dos partes que suelen pasarse por alto. Estas son contenido y contexto. La primera parte trata con lo que decimos. La segunda, trata con la manera como lo decimos.

Muchos en el mercadeo en red manejan bien una parte, pero no la otra. Algunos son muy buenos diciendo la verdad. Es decir, no se les dificulta decir las cosas que son difíciles de escuchar. Sin embargo, lo hacen sin sentir ninguna clase de consideración por el impacto que causarán sus palabras. Su estilo suele ser duro y despreocupado; dicen las cosas, así no sea en el momento indicado. No hay amor hacia los demás. Solo información. Este desequilibrio hace que ese tipo de líderes sea mucho menos efectivo que si hubiese aprendido a compartir lo que debe decir de una manera más suave y con un estilo más sabio.

Por otro lado, hay incontables líderes en el mercadeo en red que se equivocan yéndose al otro extremo al manifestar una dura verdad. Son muy buenos en el lado del contexto del liderazgo. Y lo son porque les agradan a los demás y saben cómo generar un ambiente de trabajo agradable. Quieren ser de ánimo. Sin embargo, solo se ocupan en compartir pensamientos o sentimientos amables y positivos. No quieren herir los sentimientos de nadie y su deseo es que todos sus representantes y colaboradores estén felices. Así que evitan decir cualquier cosa que haga enojar a quienes los escuchan. Nunca dicen nada negativo, así sea cierto. Como resultado, muchos de los miembros de sus equipos repiten una y otra vez los mismos errores porque nadie les dice lo que ellos necesitan escuchar. Solo les han dicho lo que querían escuchar. Y al final, esta ausencia de la verdad es muy costosa para todos.

Entonces ¿cómo decirlo?

Al aprender a ser honesto con otros en tu equipo, ten algunos aspectos en mente. Asegúrate de haberles modelado el negocio de la manera correcta. Debes estar seguro de haber sido paciente y positivo. Recuerda: compartir noticias negativas con otras personas es algo que deberíamos hacer rara vez, pero necesitamos hacerlo con mucho cuidado y respeto.

Cuando trabajo con alguien a quien debo darle noticias negativas (y no importa si hace parte de mi equipo de mercadeo en red, si es un líder corporativo o un congresista, el formato siempre es casi el mismo). Digo algo como esto:

"John, ¿sabes que me intereso por ti, verdad?"

"Sí, Tom. No lo dudo".

"¿Conoces mi compromiso hacia ti, cierto?"

"Sí, Tom. Lo conozco".

"¿Sabes que quiero que ganes tanto como quieres ganar en este?"

"Sí creo eso, Tom".

"Bueno, pues me alegra que sepas todo esto porque hoy te voy a golpear justo entre los ojos. Si de verdad quieres ser un ganador, debes prestarle atención"

¿Qué estoy haciendo con la conversación anterior? Estoy diciendo la verdad con amor. Estoy creando un equilibrio entre el contenido y el contexto. De hecho, estoy poniendo mi brazo alrededor de ellos para sostenerlos mientras les doy un puño en la nariz con la otra mano. Mi profundo interés por los miembros de mi equipo es lo que les da a ellos la fortaleza para soportar la fuerza de mi mensaje.

Conforme tu equipo y tu liderazgo vayan creciendo, habrá ocasiones en las que tendrás que decirles algo similar a aquellos a quienes les sirves. Quizá las siguientes preguntas y comentarios te sean útiles para ser más cuidadoso con la forma como usas tu tiempo.

"(Nombre de la persona), ¿sabes que me intereso por ti, verdad?"

"¿Conoces mi compromiso contigo, cierto?" Creo en ti quizá más de lo que tú crees en ti mismo".

"¿Sabes que creo que tienes lo que se necesita para tener mucho éxito en nuestro negocio?"

"Bueno. Hay algo más que quiero que sepas:

Si quieres aprender, te enseñaré.

Si quieres seguirme, te lideraré.

Si quieres aprender a ser un líder, te alistaré para que sepas ejercer tu liderazgo.

Si quieres ser 'un jugador' en nuestro equipo, te ayudaré. Pero si solo quieres jugar, no tengo tiempo para ti.

Si quieres desarrollar un negocio de verdad, entonces yo haré un compromiso de verdad contigo. Sin embargo, si solo quieres pasar el tiempo, trabajaré con otra persona.

Piénsalo. Sé que creo mucho en ti y en nuestro negocio. Solo necesito saber en dónde te quieres acomodar".

Para algunos, es muy probable que el diálogo anterior les suene muy directo. Pero en realidad, cuando se hace bien, es muy liberador y establece expectativas y límites claros para todos. Evita que los empresarios que de verdad están intentando desarrollar un negocio pasen interminables horas con representantes que no tienen la intención de tomarse en serio sus negocios. También permite que los que solo quieren chapotear en sus negocios, lo hagan sin sentir que su patrocinador los irrita.

Cuando conocemos la posición de un representante, sabemos cómo trabajar respetuosamente con él(ella) o en torno a él(ella).

A medida que los emprendedores van haciendo crecer sus negocios, se van a encontrar con el hecho de que también crecen como líderes. Mientras el entusiasmo, el compromiso y la convicción los impulsa, será evidente que sus actitudes madurarán junto con su negocio. Las siguientes actitudes suelen desarrollarse en quienes, de verdad, quieren desarrollar equipos grandes y de éxito:

- Toman sus propios negocios en serio. Sigue siendo de disfrute para ellos, pero es muy claro que ese negocio que desarrollan en casa se ha convertido o se les está convirtiendo en un emprendimiento muy importante. Cuando más ven la magnitud de la oportunidad, menos despreocupados se vuelven con quienes apenas prueban las aguas del negocio.

– Comienzan a convertirse en personas enseñables y demuestran un genuino deseo de desarrollar su negocio.

– Desarrollan menos paciencia y tolerancia hacia quienes parecen expertos en una sola cosa: inventar excusas para explicar por qué no han logrado lo que dijeron que harían.

– Se vuelven más cuidadosos respecto a cómo y a quién le darán parte de su tiempo. A medida que las demandas de tiempo aumentan, también aumenta el valor de este bien. No se apresuran para dejar que otros lo desperdicien.

– Aprecian a los jugadores de equipo que "se conectan al sistema" cuando entienden la estructura invisible que crea riquezas en el mercadeo en red.

– (Recuerda: la riqueza proviene de la profundidad. La profundidad proviene de la duplicación. Y la duplicación proviene de tener un sistema muy simple). Por el contrario, no aprecian tanto a las personas que no se conectan al sistema. Saben que mientras no lo hagan, será poco probable alcanzar algún éxito importante y constante.

En algunos aspectos, los líderes del mercadeo en red son como entrenadores deportivos. Desarrollan ojos entrenados para estudiar a las personas. Buscan gente con talento, que sea enseñable y de gran corazón. Aprenden a cerciorarse en qué punto se encuentra un emprendedor en la participación continua con su compañía.

Niveles de compromiso o participación

Nivel 1: una alondra: alguien que se involucró en un capricho; sin intenciones de desarrollar en serio su negocio; lo va a intentar para ver si es divertido.

Nivel 2: solo probando las aguas: no hay compromiso ni expectativas serias, solo juega con el negocio.

Nivel 3: un pasatiempo: una forma de entretenimiento; se involucró solo por entretenimiento y su interés es mínimo.

Nivel 4: un tierno y bonito negocito: se involucró por diversión, con la idea de que puede generar "un poco de dinero extra para sus gastos"; el compromiso es modesto y las expectativas son mínimas.

Nivel 5: un pequeño negocio desde casa, con compromiso moderado con expectativas financieras modestas; se pregunta si puede generar algunos cuentos dólares al mes.

Nivel 6: un negocio: con crecientes expectativas y compromiso; comienza a ver el negocio de mercadeo en red con seriedad moderada, entiende que es posible generar varios miles de dólares al mes.

Nivel 7: una oportunidad: ve el negocio como un campo con potencial, así como infinidad de otras "oportunidades" que existen; si se lo toma en serio, logrará generar importantes ingresos mensuales con el paso del tiempo.

Nivel 8: mi negocio: tiene un aumento significativo en la participación, el compromiso y las expectativas; da lugar a la apropiación personal.

Nivel 9: mi oportunidad: una comprensión personal firme en la que el mercadeo en red es una invitación a cambiar sus financias y su vida; alto nivel de compromiso y de expectativas.

Nivel 10: mi negocio, mi oportunidad, mi momento, mi vehículo: un abismal salto en perspectiva, comprensión y convicción; una actitud que sugiere: "Estoy en este negocio y este negocio está en mí: 'en mi sangre'". El emprendedor capta la magnitud de la oportunidad; las implicaciones financieras son obvias y él se vincula al negocio a largo plazo y con un compromiso absoluto.

La siguiente parte describe los diferentes niveles de compromiso que los empresarios tienen con sus negocios. Los líderes aprenden a detectar el nivel de compromiso de los demás y crean entornos que les ayuden a impulsar a sus representantes cada vez más lejos a lo largo del camino.

Mientras miras este progreso imaginario, ten presente que el nivel de compromiso no es fijo. Es fluido y puede fluctuar de un lado a otro. Para muchos, los niveles de creencia y compromiso aumentan con el tiempo, solo al asociarse con otros que también estén motivados y tengan éxito. Una gran cantidad de representantes se ha involucrado en compañías de mercadeo en red casi sin tener alguna visión. Tenían poca consciencia del gran potencial del negocio. Sin embargo, al interactuar de manera consistente con otros que estaban emocionados, motivados, mantenían la concentración y, por consiguiente, tenían éxito, ellos también comenzaron a observar que su propio nivel de visión, expectativas y compromiso aumentaba. Hoy en día, su nivel de compromiso es de diez. Ahora son pacientes al trabajar con quienes tienen niveles de compromiso mucho menores porque saben que algunos de estos representantes seguirán avanzando en el proceso, así como ellos avanzaron.

"Si tu meta es agradarles a todos,
será difícil liderar a alguien".

Al evaluar el punto donde se encuentran los demás en la escala de compromiso, ten presente que las personas se involucran con el mercadeo en red por tres razones: afiliación, reconocimiento e ingresos. La motivación de quienes se involucran por afiliación es solo social y relacional. Se conforman con conocer a otras personas, disfrutar las reuniones de grupo o los eventos, y con pasarlo bien. Para ellos, el ingreso potencial es irrelevante en gran medida. De igual manera, quienes se involucran por reconocimiento, su motivación principal no es la ganancia financiera. Su principal deseo es descubrir un lugar donde sus talentos y aportes sean apreciados. Ellos tienen un legítimo anhelo de recibir valor propio y ser reconocidos y honrados por los demás.

Quienes se involucran por primera vez en el mercadeo en red solo por afiliación y reconocimiento suelen ser un rico aporte a tu equipo. Quienes lo hacen por afiliación mantendrán la diversión en nuestro negocio y harán que lo disfrutemos; y quienes se vinculan por reconocimiento pueden llegar a ser muy buenos trabajadores cuando sienten que reciben aprecio por sus esfuerzos. Cualquiera que sea el caso, sus niveles de compromiso tienden a aumentar de manera significativa con el paso del tiempo, a medida que comienzan a entender el potencial de ingresos que tiene su negocio. Sé paciente con ellos, ya que muchos, casi por accidente, llegan a ser de los mejores en sus compañías.

¿Cuándo comenzaré a liderar?

Casi siempre me hacen esta pregunta: "¿Cuándo comenzaré a sentir la libertad de ser un líder? ¿Cuándo comenzaré a pasar al escenario y a liderar de verdad a mi equipo? ¿Cuándo me sentiré lo suficientemente cómodo como para decirles a otros lo que necesitan oír y no solo lo que quieren oír?" Estas son preguntas muy buenas. Mi respuesta suele incluir lo siguiente:

Comenzarás a tomar en serio el liderazgo cuando TÚ comiences a tomar en serio:

1. *La industria del mercadeo en red*

2. *TU negocio*

3. *TU tiempo*

4. *TU servicio a los demás*

5. *Comiences a tomarte en serio a ti mismo*

Si eres nuevo en el mercadeo en red o en el liderazgo, no dejes que la idea de ser un líder te abrume. Date permiso para avanzar en los títulos de liderazgo que obtengas en el desarrollo de tu negocio. Recuerda: ser un líder solo significa que eres el siervo principal. Tú tienes el privilegio de ayudarles a otros a identificar sus metas y sueños al creer en ellos, animarles y ser honesto con ellos. Mientras se concentran en ayudar a otros a desarrollar sus negocios, muchos representantes encuentran que, en el proceso, ellos mismos han llegado a ser líderes.

En el deseo de desarrollar un negocio de mercadeo en red es fácil concentrarse de manera inadvertida en algunos aspectos que no son realmente relevantes. A continuación, te sugiero una aproximación simple que te ayudará a mantener la concentración adecuada, desarrollar tu negocio y liderar a los demás de manera efectiva.

Concéntrate en tus representantes y no en los ingresos.
Concéntrate en tu gente y no en las utilidades.
Concéntrate en hacer que los demás tengan éxito
y no en el dinero.Concéntrate en aquellos que
has patrocinado y no en los dividendos.

Si te concentras en los ingresos y no en los representantes, no tendrás mucho dinero que contar. Pero si te concentras en desarrollar a las personas que patrocinas y no en los dólares que ellos te aportan, es posible que, al final, termines con más dinero que el que puedas contar. En esta industria hay una maravillosa paradoja del éxito: la única manera de llegar a la cima es inclinándote para ayudarles a los demás.

"Los líderes del mercadeo en red son como entrenadores deportivos. Buscan soñadores con talento que sean enseñables y de gran corazón".

Lecciones de otro líder

Hace algún tiempo, mi esposa y yo estuvimos cenando con otra pareja. En medio de nuestra conversación, descubrí que el hombre había hecho parte del equipo personal del General Patton durante su carrera militar. Este hecho despertó mi curiosidad, así que le hice muchas de las preguntas más frecuentes respecto a este notorio líder. Le pregunté sobre su personalidad, sobre cómo era trabajar con él todos los días y sobre sus pistolas de seis tiros con mango de perla. Luego, le pregunté si era verdad lo que revela la Historia en cuanto al amor y respeto que sus hombres tenían hacia él. Sin dudarlo un momento, me respondió: "¡En efecto, así es!"Luego, le pedí que nos explicara por qué era así. Lo pensó por un momento y luego nos respondió: "Porque el general amaba a sus hombres y creía en lo que hacía".

A medida que aprendas lo que significa ejercer el liderazgo en un ejército de voluntarios, ama a los hombres y mujeres que integran tu equipo. Haz la diferencia en lo que ellos creen de sí mismos, lo que pueden llegar a ser y lo que pueden hacer. Y cree en lo que tú haces.

CAPÍTULO
ONCE

LIDERAZGO: DALES A LOS DEMÁS RIELES SOBRE LOS CUALES PUEDAN DESLIZARSE Y CORRER

¿ALGUNA VEZ NOTASTE cómo los pueblos y ciudades en todos los Estados Unidos procuran tener su propia fama? Los ciudadanos locales tratan de encontrar algo que haga única a su comunidad y que los haga sentirse orgullosos de ella. De hecho, suelen poner un anuncio de bienvenida que te haga recordar su singularidad cuando ingreses a los límites de su ciudad.

Yo crecí en Des Plaines, Illinois, y ella también tiene su punto de distinción. Des Plaines es donde se abrió el primer restaurante de comidas rápidas McDonald's. Ese McDonald's en particular sigue ahí y ahora se conserva como museo. No muy lejos de ahí está la Universidad de la Hamburguesa, donde se les da capacitación a los nuevos propietarios y gerentes de franquicias de McDonald's.

Todavía recuerdo cuando pusieron los ahora famosos arcos dorados porque habían vendido más de "un millón" de hamburguesas. Ellos acostumbraban cambiar el aviso en incrementos de un millón. Por último, lo cambiaron para decir "millones y millones de hamburguesas vendidas"; ahora, su anuncio solo dice "billones". Muchas cosas me asombran al respecto. La gente de mi comunidad estaba rodeada de una de las más extraordinarias historias de éxito en la Historia corporativa. Vimos cómo McDonald's creció, pasando de ser una idea simple y un solo restaurante a convertirse en una fuerza económica a nivel mundial. La mayoría de habitantes locales no percibía lo que estaba sucediendo con McDonald's. Algunos eran muy conscientes y admiraban el éxito de la compañía, pero nunca pensaron en involucrarse. Solo unos pocos fueron lo suficientemente inteligentes como para ver lo que estaba ocurriendo, admirar el éxito y tomar participación activa adquiriendo una de las primeras franquicias.

Esta misma indiferencia sucede a diario en los Estados Unidos y en el mundo. La gente está rodeada de compañías de mercadeo en red de alta calidad. Sin embargo, la mayoría pasará por alto las oportunidades disponibles. Es posible que algunos admiren lo que están haciendo esas compañías, pero no se involucran. Y solo unos pocos verán las dimensiones de la oportunidad, la aprovecharán y en el proceso cambiarán su futuro y su vida.

Considera a cada nuevo representante que haga parte de tu equipo como la apertura de una nueva tienda

Podemos aprender mucho del fenomenal éxito y crecimiento de McDonald's porque en cierta medida nuestros negocios son muy similares. Se hace cada *vez más claro si ves a cada nuevo representante que haga parte de tu equipo como el equivalente a la apertura de una nueva tienda o franquicia.* Este punto de ventaja te hace apreciar más a cada integrante de tu equipo y a comprometerte más con entrenarlo para que tenga éxito en la operación de su negocio.

Siguiendo con la analogía de McDonald's con respecto a nuestro negocio de mercadeo en red, miremos por un momento mi tesis de infraestructura invisible que sostiene en pie a un exitoso negocio de mercadeo en red. Luego, miremos y veamos si McDonald's entiende e implementa este mismo proceso.

Las **RIQUEZAS** *provienen de la* **PROFUNDIDAD.**
La **PROFUNDIDAD** *proviene de la* **DUPLICACIÓN.**
La **DUPLICACIÓN** *proviene de tener un* **SISTEMA.**
Un **SISTEMA** *proviene de mantener las cosas* **SIMPLES.**

Como negocio, ¿McDonald's ha generado ingresos fenomenales o, para usar nuestro término, riquezas? Sin duda que así es. Pero ¿cómo lo lograron comenzando con un solo restaurante? Lo hicieron creando profundidad en la organización. Un restaurante a la vez. Hoy, esa profundidad ha resultado en decenas de miles de restaurantes en todo el mundo.

¿Por qué McDonald's tuvo tanto éxito de expansión? Desde el mismo comienzo, la compañía se concentró en la duplicación. Su meta no era tener el restaurante más atractivo, servir la mejor hamburguesa o tener el menú más extenso. Fue una expansión masiva mediante constante duplicación. La repetitiva apertura de un restaurante tras otro. (Quizás esta sea la razón por la cual Steve Schulz, quien es un excelente líder y gana una pequeña fortuna con su negocio de mercadeo en red, se hace una pregunta de negocios cuando se va a la cama cada noche: "¿Los integrantes de mi equipo pueden hacer lo que yo hice en mi negocio hoy?" Él entiende el poder de la duplicación).

¿Por qué McDonald's alcanzó un éxito tan excepcional en la apertura de miles de nuevos restaurantes mientras que la expansión es lo mismo que acaba con muchas empresas en crecimiento? Hay un factor importante que explica este fenómeno. Su duplicación fue exitosa porque ellos tenían un sistema. Y la genialidad de su sistema fue la simplicidad. Como su sistema era tan sencillo, pudo duplicarse de manera consistente y exitosa. (No había nada complejo respecto a su menú original: ¡bebidas suaves, malteadas, papas fritas de un solo tamaño y un tipo de hamburguesa!).

Al mantener simple todo el negocio, pudieron establecer un sistema duplicado que dio como resultado profundidad organizacional. En conjunto, cada uno de esos sistemas condujo al logro de la meta corporativa: ingresos masivos (riquezas). Observa que McDonald's logró su meta original al concentrarse en otra cosa: tener un sistema sencillo y por lo tanto duplicable. (En el mundo de los negocios, a menudo escucharás la expresión "delega o muere", su equivalente en el mundo del mercadeo en red es "duplica o muere").

Miremos de forma lineal el proceso de apertura de un restaurante de McDonald's. Luego, comparemos este proceso con el crecimiento de un negocio de mercadeo en red.

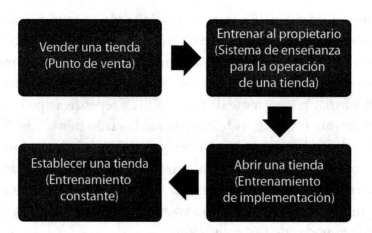

Debo admitir que esta es una reducción muy simplista del proceso de McDonald's. Pero para nosotros es muy ilustrativa en el crecimiento de nuestros negocios. McDonald's está involucrado en *todo el proceso* de vender un restaurante/franquicia, entrenar a los propietarios y al personal, abrir el punto de venta y luego, en seguir involucrado para asegurar el éxito constante. En nuestro negocio de mercadeo en red es esto precisamente lo que debemos hacer.

Observa que la Corporación McDonald's no solo quiere vender restaurantes y franquicias. Ellos también quieren vender, abrir y establecer cada tienda. Si McDonald's no viera la venta de cada restaurante o franquicia como algo más que un "simple punto de operación", toda la calidad se perdería. Es por esto que ellos están comprometidos con el éxito permanente de cada tienda en particular. Y para asegurarlo, tienen un sistema muy específico que le enseña a todo el personal cómo hacer su trabajo.

Lo que asegura el éxito de McDonald's en miles de puntos futuros es que cuenta con un sistema de enseñanza, junto con un compromiso con el éxito continuo de cada restaurante, más allá del punto de venta. Mediante un sistema bien desarrollado que se duplica de manera exitosa, ellos ahora tienen una base de clientes a nivel mundial que confía en que ellos tienen un nivel de calidad y servicio que es predecible y consistente. Esto crea clientes satisfechos junto con una situación provechosa para la Corporación McDonald's, sus accionistas, los propietarios de franquicias y los empleados.

Al igual que McDonald's, mira más allá del "punto de venta"

Este mismo proceso se aplica al mercadeo en red. Como líderes de equipos en desarrollo, nosotros debemos ver mucho más allá del punto de venta (es decir, la inscripción de nuevos representantes). Al igual que McDonald's, nosotros también tenemos que darles a los nuevos representantes un sistema al cual estar conectados de modo que estén listos para el éxito continuo. Los nuevos representantes, en especial los que no tienen experiencia en el mercadeo en red, van a acudir a nosotros en búsqueda de dirección. Tras haber decidido vincularse, sus pensamientos pasan al modo "¿qué hago con este negocio ahora que estoy dentro?". Por esa razón, debemos darles orientación y algunos rieles sobre los que puedan correr, de modo que sepan qué hacer con ese negocio al que nosotros mismos los invitamos a que se vincularan.

A medida que el mercadeo en red va madurando, también atrae a más representantes que también lo consideran como un medio muy serio e importante para hacer operaciones de negocios. Estos nuevos representantes desarrollan sus negocios con el mismo nivel de esfuerzo, paciencia y profesionalismo que le darían a cualquier otro emprendimiento. No le temen a trabajar duro, no se asustan ante el crecimiento lento, ni las decepciones y saben qué significa vivir en la zona horaria del emprendimiento. Ellos no eligieron una compañía de mercadeo en red porque estaban buscando transporte gratuito o esperaban ganar el equivalente de la lotería en el mercadeo en red. (Es decir, patrocinar a un representante que desarrollara el negocio con más visión, pasión y éxito que el mismo patrocinador. A cambio, el éxito del nuevo representante pasa a ser una ganancia inesperada para el patrocinador que lo vinculó. Eso es suerte, no es liderazgo. Es ganancia financiera, pero no logro personal).

_____

"Considera a cada nuevo representante que haga parte de tu equipo como el equivalente a una nueva tienda o franquicia".

_____

En esta nueva era, el mercadeo en red es un provechoso alivio en relación con los primeros días de la industria. En ese entonces, había mucha exageración, se creaban muchas falsas expectativas y se daba muy poco respaldo. Había muchos charlatanes que se presentaban como desarrolladores de negocios cuando en realidad no eran más que estafadores que veían a cada cliente potencial como un único punto de venta. Le dedicaban el mínimo tiempo posible a algún incauto diciéndole que se vinculara a su negocio. Luego, tomaban el dinero y huían. Este estilo de "entrada por salida" no tenía nada que ver con ser un líder, ni con desarrollar un equipo, ni con ser un ejecutivo serio. En sus comienzos, este hecho dejó a un gran número de personas decepcionadas por toda la industria. Como Richard Poe lo aclara en sus excelentes libros, nuestra industria ya no es como en aquellos días. Ahora, tiene niveles cada vez más altos de integridad y sofisticación. Es un gigante emergente y está aquí para quedarse. Aquellos emprendedores que desarrollan sus negocios enseñándoles a los integrantes de su equipo un sistema duplicable son los que experimentarán el poder del crecimiento exponencial y de ingreso residual de esta industria.

Aunque reconocen que McDonald's usa un sistema para garantizar su constante éxito, a este punto algunos lectores quizás estarán pensando: "Tom, yo nunca he recibido entrenamiento. Así que no tengo ninguna forma sistemática para desarrollar mi negocio. Y tampoco tengo una manera sistemática de entrenar a mi equipo. ¿Qué puedo hacer ahora?" Es muy bueno pensar esto. La respuesta es menos difícil de lo que muchos esperan. Como líderes, necesitamos darle a nuestro equipo, en especial a los nuevos representantes, rieles sobre los cuales puedan correr.

Rieles para correr

¿Recuerdas un juguete llamado "slinky"? Es un resorte metálico que se estira como un acordeón. Estos resortes pueden bajar toda una serie de escalones "girando" por sí solos. El objetivo es poner la base del resorte en la parte superior de la escalera y luego darle vuelta para que pase al siguiente escalón. Cuando llegue a ese escalón, el impulso hará que la porción restante del resorte gire de nuevo, cayendo al siguiente escalón. Cuando se hace bien, este proceso se repite por sí solo hasta llegar a la base de la escalera. ¿Qué determina que el resorte llegue hasta el final? Su lanzamiento inicial es lo que determina el éxito futuro. Si tiene suficiente impulso y la dirección correcta, entonces sigue su camino.

En el mercadeo en red, obtendremos el mismo resultado si les damos el inicio adecuado a los representantes. Si ellos comienzan con el impulso adecuado y en la dirección correcta, es mucho más probable que sigan con la labor y alcancen el éxito. Es por esto que los líderes corporativos como los de McDonald's le dan a su personal "rieles sobre los que pueadan correr". Tener "rieles" como guías les ayuda a que ellos sepan, en términos muy específicos, qué acciones deben tomar en sus primeras horas, días y semanas en el negocio.

Las primeras horas y días en el negocio de un nuevo representante son vitales. Aunque su nivel de entusiasmo puede ser muy alto, el de confianza tiende a ser muy bajo. Sus creencias todavía están en formación y es muy probable que su nivel de compromiso todavía sea algo tentativo. Ellos esperan ver si "esto" les va a funcionar a ellos. Así que, cuanta menos dirección y ayuda reciban durante sus primeras horas y días, más probable será que se sientan frustrados, atascados y tentados a renunciar.

Existen demasiados emprendedores talentosos y bien intencionados que dejan de trabajar en este campo porque no saben qué hacer para avanzar y tener éxito en él. Más triste aún es cuando no se les proporciona ningún riel sobre el cual correr. En su deseo de comenzar, un representante puede ser serio en su intento de hablarles a otros acerca de su negocio y aun así fracasar al cometer el error común de hablar demasiado, de escuchar muy poco y de ser demasiado entusiasta, ¡haciendo que sus amigos comiencen a preguntarse si sería que él fue engañado para que se uniera a algún culto! Esta preocupación hace que estos amigos no solo eviten el negocio, ¡sino que los impulse a decirle al nuevo representante que se salga de él! No puedes culpar a un nuevo representante por repensar toda la situación después de haber pasado por varias de estas experiencias, las cuales nublan la visión, inculcan dudas y opacan el entusiasmo. (Conozco estos errores porque yo mismo los cometí con mucha frecuencia durante los primeros días de mi negocio. Y todavía los cometo de vez en cuando). Es por todo esto que darles rieles sobre los cuales los nuevos representantes puedan correr, junto con el apoyo de los patrocinadores, ayuda a reducir estos dolorosos errores entre los recién llegados, los cuales son casi cómicos para los veteranos del mercadeo en red.

Cómo saber si le estás dando a tu equipo "rieles para correr"

Permíteme hacerte una pregunta. Supongamos que un nuevo representante de tu equipo te busca, ya que eres su líder en línea ascendente, y te dice: "Soy nuevo en el negocio, pero estoy completamente disponible y dispuesto a aprender. ¿Cuáles son las primeras diez cosas que deseas que yo entienda y haga?" ¿Podrías tomar una hoja (no el manual de tu compañía) ya impresa con sugerencias específicas sobre las primeras acciones que este interesado debe realizar a fin de lanzar con éxito su nuevo negocio? Si no puedes hacerlo, es muy probable que aquellos que se vinculen a tu equipo no tengan rieles sobre los cuales correr. Crear este sencillo documento podría ser el regalo más importante que tú, como líder, puedes darles a los miembros de tu equipo. Los "rieles" serán diferentes para cada negocio. Vas a tener que trabajar con tu representante cuando él o ella aborde los siguientes temas:

❖   ¿Por qué estoy vinculándome a este negocio?

❖   ¿Qué quiero obtener de mi negocio?

❖   ¿Cuándo seré el anfitrión de mi primera reunión en casa?

❖   ¿Cuál es la fecha de mi primera sesión de entrenamiento?

❖   ¿Necesito hacer una lista de nombres de personas y sus números telefónicos para contactarlas y hablarles sobre mi nuevo negocio?

❖   ¿Cuándo me voy a reunir con mi líder para comenzar a llamar a los contactos que tengo en mi lista y así realizar llamadas de tres participantes?

❖   Preparar los materiales esenciales para iniciar con éxito mi negocio.

❖   Informarme sobre los libros, audios y videos de la empresa que represento.

❖   Conocer las instrucciones para imprimir tarjetas de visita.

❖   Revisar y familiarizarme con los formularios diversos que se deben llenar en las transacciones de la empresa.

❖   Estudiar los principios fundamentales que el representante debe comprender. (Por ejemplo, los tres principios del mercadeo en red o los cuatro ingredientes del éxito).

❖   (*Los artículos marcados con asterisco ya deben estar impresos en la lista que le das a tu nuevo representante).

Sugerencias sobre los "rieles para correr"

Darle a tu equipo rieles para correr es muy útil por diversas razones:

1. Contribuye a que tus nuevos representantes sepan qué hacer justo al momento de ingresar al negocio. (Esto les da una dirección con propósito que les permite aprovechar su entusiasmo al tiempo que se preparan para tomar acciones rápidas y alcanzar el éxito).

2. Al darles a los representantes un enfoque muy específico y puntos de acción aumentas tu eficacia como líder.

3. Te permite determinar qué tan serios son los representantes frente al negocio.

4. Aumenta la probabilidad de que tus representantes sepan cómo dirigir y administrar a sus propios representantes, ya que ellos saben cómo replicar lo que tú hiciste con ellos.

5. Genera un ciclo continuo de enfoque, acción, calidad y resultados en tu equipo.

Cuando los líderes diseñan rieles para correr, reducen su negocio a su expresión más simple y los puntos de acción más importantes. El resultado es esencial. Infundirá "E.L.E." a tu organización, es decir: la habilidad de enseñar, liderar y entrenar.

Los rieles para correr les permiten a los líderes ser eficaces en:	Enseñar	Liderar	Entrenar
Los rieles para corres les permiten a los líderes descubrir quién:	Es enseñable	Se puede liderar	Se puede entrenar

Los rieles para correr les ayudan a los líderes y a sus equipos a saber cuál paso seguir

Tener rieles para correr equipa a los líderes para diagnosticar la falta de crecimiento de los representantes. Normalmente, cuando los representantes no tienen éxito en la primera fase de sus negocios, se debe a una o dos razones. Quizá no tienen rieles sobre los cuales correr, o los tienen, pero no ven la necesidad de usarlos.

Cuando eres tan bueno, no eres bueno

Ignorar la necesidad de rieles para correr es la enfermedad más común entre los profesionales que ingresan al mercadeo en red. Están convencidos de que este negocio es fácil, por tal razón no necesitan ninguna habilidad o conocimientos y consideran que saben más cómo trabajar con las personas y desarrollar un negocio que su mismo patrocinador. Además, están seguros de que sin esfuerzo y en muy poco tiempo lograrán motivar a todos sus amigos para que se unan a ellos gracias a la convincente lógica de su presentación.

Este fue el caso de Bill. Era un profesional con un enorme deseo de triunfar con su negocio de mercadeo de red. Tenía mucha motivación, bastante experiencia trabajando con la gente y sabía cómo fijar metas y administrar su tiempo. Era un candidato perfecto para esta industria. Lo irónico es que el mismo prodigioso talento y la experiencia que lo posicionaron para el éxito le impidieron alcanzarlo. Sus fortalezas eran su debilidad, pues le impedían ser enseñable. La típica rueda suelta.

Una noche, llamé a Bill por teléfono para ver cómo estaba. Pude escuchar su entusiasmo, su deseo y anhelo de hacer crecer su negocio. Pero también percibí su creciente frustración y sus dudas sobre el futuro del mismo. Por último, solo le dije:

"Bill, ¿quieres saber qué pienso cuando te escucho? Sé que tienes mucho talento y deseos. Sé lo talentoso que eres. Tú tienes las capacidades para superar a la mayoría de personas en esta industria. Pero no lo vas a lograr. Eres como una locomotora con una cantidad interminable de energía, poder y potencial en bruto. Sin embargo, a pesar de tener todas esas habilidades, no te diriges hacia ninguna parte. La razón es porque eres como una locomotora sin rieles sobre los cuales correr. En consecuencia, estás completamente atascado entre el barro. Estás bloqueado y vas a seguir así hasta cuando reconozcas la necesidad de contar con una manera simple y sistemática de hacer crecer tu negocio. Bill, cuando decidas tomar todo tu talento y aprovecharlo poniendo la locomotora en los rieles, entonces comenzarás a despegar. Además, tu equipo también permanecerá atascado hasta que le des rieles sencillos sobre los cuales correr. Al igual que tú, Bill, tu equipo no necesita motivación. Necesita dirección. Rieles sobre los cuales correr. Cuando empieces a usar esos rieles que te hemos dado, tu equipo empezará a progresar".

Pude entender el lento comienzo de Bill porque así fue como yo entré al mundo del mercadeo en red. Entré demasiado confiado, sin tener consciencia de mi ignorancia y desorientado ante la realidad de que esta industria tiene una curva de aprendizaje como cualquier otro gran emprendimiento. Esta arrogancia hizo que yo no fuera enseñable y me impidió entender la necesidad de simpleza que existe en el mercadeo en red.

En un comienzo, asistía a reuniones y me avergonzaba su sencillez y falta de "profesionalismo" tal como yo lo conocía en el mundo corporativo. Me sentaba entre el público y pensaba: "Si esta persona puede ganar $70.000 dólares al mes con *esa simple presentación,* ¿cuánto podré ganar yo cuando la haga de manera más profesional?" No veía el momento de empezar. No necesitaba ayuda, ni enseñanza, ni rieles sobre los cuales correr. Solo necesitaba que todos se salieran de mi camino y me dejaran avanzar. Siendo alguien con iniciativa, comencé y trabajé duro durante un año. Podía planear reuniones, hacer presentaciones y enseñar sobre mi compañía mejor que la mayoría de mis colegas.

Pero con el tiempo, comprendí que estaba trabajando más duro que la mayoría sin hacer ningún avance notorio. Al admitir mi falta de éxito significativo, tuve que analizar la causa de ello. Por último, comencé a ver mis errores. Mi combinación de experiencia, arrogancia e ignorancia en el mercadeo en red hizo que yo dirigiera mi negocio tan bien, que no se podía duplicar en lo absoluto. Era tan bueno, que no era bueno. Porque lo que hacía no era lo suficientemente sencillo como para poder duplicarlo de manera sistemática. Había percibido el poder potencial del mercadeo en red, pero no había visto la infraestructura invisible que lo hace funcionar.

Usando la analogía de McDonald's, no me estaba posicionando para ser el director ejecutivo de McDonald's con miles de restaurantes o franquicias. Más bien, estaba trabajando como si fuera el propietario de un restaurante cuya meta era servir las hamburguesas más elegantes y mejores de mi ciudad. Por último, pensé que preferiría ser el equivalente al director ejecutivo de McDonald's dentro del mercadeo en red, que ser el propietario de un restaurante que sirve hamburguesas fabulosas. Habiendo entendido esto, comencé a ver y a enseñar la genialidad de la sencillez y a proporcionar rieles sobre los cuales los demás pudieran correr. Eso ha hecho toda la diferencia en el mundo.

A medida que lideres a otros profesionales que se unen a tu equipo, no tengas miedo de enseñarlos, dirigirlos y entrenarlos. Ellos necesitan tu ayuda más de lo que creen. Sé honesto con ellos, deja que cometan sus propios errores y ten la esperanza de que sean lo suficientemente emprendedores como para sobrevivir a la curva de aprendizaje del mercadeo en red. También, ten presente que muchos profesionales no son tan fuertes como para lograrlo en la industria del network marketing. Después de algunos fracasos y rechazos, muchos de ellos se retiran para volver al mundo laboral que ya conocen. Porque ahí, en su zona de comodidad, ya han dominado la mayoría de la curva de aprendizaje. Ellos pueden trabajar muchos días en ese entorno sin experimentar ningún fracaso o rechazo significativo. Es posible que estén aburridos con sus carreras, que no se sientan inspirados por su trabajo y apenas soporten su horario habitual. Pero para ellos, tolerar este aburrimiento silencioso es más fácil de soportar que experimentar la inseguridad inicial y los errores que acompañan cualquier nueva curva de aprendizaje. Así que cambian la invitación a tener nuevos sueños y desafíos por las tibias aguas de su trabajo diario.

Qué hacer con los que no te van a seguir

Tener guías específicas y por escrito para los nuevos representantes te dará una rápida evaluación de cuán enseñables y motivados son ellos. No tardarás en descubrir si son emprendedores motivados o solo "habladores". Cuando subo a los representantes a los "rieles" que uso en mi negocio, les digo: "En 48 horas sabré si hablas en serio en cuanto a esto". La razón es obvia: si no dan los sencillos pasos iniciales para darles comienzo a sus negocios cuando su motivación es alta y su visión es clara, entonces es probable que no los den cuando queden inmersos en todos los otros detalles importantes de su vida diaria. Como regla básica, la mayoría de personas que comienza despacio en este negocio sigue avanzando despacio. (Esto tiene sus excepciones. Por ejemplo, hay quienes ingresan a nuestro negocio cuando sus horarios ya están llenos y aunque estén muy comprometidos con desarrollar su nuevo negocio, necesitan tiempo para despejar sus horarios antes de poder involucrarse en serio y más de lleno).

Es inevitable tener personas que se vinculan a nuestro negocio, pero que no hacen nada. En términos sicológicos, para mí esa es una de las dimensiones más intrigantes y fascinantes de esta industria. Pero de manera práctica, como desarrolladores de negocios, debemos saber qué hacer con los que no te siguen. Las siguientes son algunas sugerencias:

– **Sé paciente con ellos, al comienzo.** Con el tiempo, conforme su nivel de creencia aumente, su participación también lo hará.

– **Sé honesto y directo con ellos.** Diles que estás dispuesto a ayudarles, pero no puedes desear este negocio para ellos más de lo que ellos mismos lo deseen.

– **Patrocina a otra persona.** No pongas tu negocio en espera mientras esperas que alguien comience a moverse.

– **Notifícales los eventos del grupo.** Pero no les des tu tiempo individual. Dale tu mejor tiempo a los que demuestren seriedad con su negocio.

– **Déjalos ir. Tu éxito no depende de ellos.** Trabaja con otra persona que esté motivada y sea enseñable.

– **Sé amable con ellos.** Hay muchos factores que impiden que las personas sigan sus propios deseos.

– **Deja de tratar de resucitar a los muertos.** Esa es una especialidad muy limitada. Además, estás dirigiendo un negocio, no una misión de ayuda.

Es claro que liderar las personas en un equipo creciente es una de las dimensiones más desafiantes y gratificantes de esta industria. Esta tarea se hace mucho más fácil si recordamos que liderazgo es proporcionar visión, destreza y motivación.

El liderazgo es brindar visión, destreza y motivación

¿Alguna vez entraste a un restaurante y ordenaste un plato del menú, pero el mesero te trajo uno muy diferente? Es molesto no recibir lo que esperabas, ¿verdad? Esta misma "mezcla" suele suceder en el mercadeo en red. Conforme tu equipo se vaya desarrollando, ten cuidado de no confundir las selecciones de los miembros de tu equipo. Si escuchas con atención, ellos te dirán lo que quieren o necesitan. Quizá no te lo digan de manera directa, pero lo sentirás si les prestas atención a sus palabras, actitudes y acciones. Descubrirás que sus selecciones de menú suelen estar en tres categorías que los líderes pueden proporcionar.

VISIÓN	DESTREZA	MOTIVACIÓN

Estos son tres aspectos de lo que los líderes pueden darles a quienes lideran. Al mismo tiempo, son los tres ingredientes básicos necesarios para que los representantes mantengan el enfoque en el desarrollo de un negocio.

Es una combinación ganadora cuando el líder de equipo sabe darles a sus colaboradores justo lo que ellos necesitan. Cuando esto sucede con frecuencia, hay un sentido constante de trabajo en equipo, persistencia en alcanzar la meta y un sentimiento de fuerte impulso. Por el contrario, cuando no se les colabora, las cosas comienzan a estar fuera de sincronía y empieza a perderse el impulso tanto a nivel de grupo como individual. Si examinas las compañías de mercadeo en red de mayor éxito, o los grupos más exitosos al interior de una compañía en particular, descubrirás que todos ellos se aseguran de brindarles a sus equipos una rica mezcla de visión, habilidad y motivación.

Al liderar a quienes hacen parte de tu equipo, asegúrate de que el repertorio de respuestas que les des se refiera, por lo menos, a estas tres categorías. Algunos empresarios en posiciones de liderazgo son como "ponys de un solo truco". No importa lo que suceda, ellos solo tienen una respuesta o un consejo que dar. Y con el tiempo, esas respuestas dejan de ser útiles para el representante que va en busca de algún consejo o sugerencia real y sustancial. Solo son de ayuda para quien da esas respuestas porque le da la ilusión de haberle dado solución al problema que se le consultó. Lo cierto es que necesitamos más que simples respuestas fáciles o trilladas para quienes nos buscan como catalizadores de su propio compromiso. Y esto solo lo lograremos hacer si conocemos la combinación de visión, destreza o motivación que necesitan todos y cada uno de nuestros representantes.

Examinemos lo que aporta cada uno de estos elementos

Visión: les permite a los emprendedores visualizar el futuro. Es la capacidad de percibir una previsualización de realidades potenciales que desarrollan los que persisten en hacer su trabajo. Es ver el cuadro completo o tener la visión macro de las cosas por venir. Es conocer con certeza lo que sucederá mañana si hoy somos diligentes.

El poder de la visión es su capacidad de darles esperanza y dirección a quienes lo tienen. Les brinda la voluntad de trabajar hoy porque ven cómo esos esfuerzos del día a día los llevarán cada vez más cerca de lo que ellos ven y quieren para el futuro. Cuanto más claro sea lo que ves en el futuro, con mayor seguridad harás tu trabajo en el presente. Esto es porque, para los visionarios, el futuro es tan real, cercano y palpable, que gracias a eso superan cualquier molestia menor que vayan encontrando en el camino. En resumen, la claridad en la visión es la que mantiene a los empresarios viviendo en un estado de recursividad en lugar de un estado de problemas. Es la que los hace sentirse fuertes y animados y no desmoralizados.

En cualquier negocio hay trayectos en el camino donde, a veces, nada parece estar en su lugar. Los emprendedores están trabajando duro y haciendo bien las cosas, pero quizá no ven resultados inmediatos, ni éxito. Lo mismo sucede con cierta frecuencia en cualquier negocio de mercadeo en red. Y en esos momentos, la visión es un ingrediente vital. Quienes la tengan sabrán enfrentar veinticinco rechazos seguidos sin sentirse afectados en lo absoluto. ¿Por qué? Porque al tener una visión clara apenas sí notan a aquellos que le dijeron "no" a su negocio. Más bien, ya están concentrados en los siguientes veinticinco que les dirán que "sí" y que luego se duplicarán hasta convertirse en otros mil. Esta realidad futura es la que les da tanta seguridad y emoción, al punto en que no les molesta cuando un prospecto le dice "no" a su negocio en el presente.

Destreza: es tener experticia, pericia y competencia. No solo es saber qué hacer, sino también cómo hacerlo. Es haber desarrollado el conocimiento práctico que hay que aplicar en el desarrollo diario de un negocio de mercadeo en red. La destreza se puede adquirir y desarrollar y es necesaria para el éxito en nuestro negocio.

Como líderes, debemos tener presente que muchos representantes pierden el ánimo en sus nuevos negocios de mercadeo en red, no porque carezcan de visión, compromiso o motivación, sino porque se cansan de fracasar. Se cansan de quedar "eliminados". Para poner este concepto en contexto, imagínate que eres un jugador de béisbol de ligas mayores. En un principio, esto sonaría muy emocionante para muchos. Pero si fueras un jugador de grandes ligas que en todos sus turnos al bate queda eliminado, llegaría un momento en el que empezarías a temer la llegada de los días de juego en lugar de anhelarlos. En esos momentos, no te sería útil una charla de motivación, sino un entrenador de bateo, puesto que el problema básico está es en tu debilidad al mover el bate, no en tu impulso, ni en tu deseo. Si lograras corregir esa falla, tu actitud y motivación serían las adecuadas.

"No asumas que los representantes entienden los aspectos más básicos de desarrollar sus negocios".

Cuando interactúes con representantes que no tienen éxito en vincular a otros a sus negocios, piensa bien lo que les dices. En lugar de decirles "sigue adelante" o de recordarles que "este negocio es un juego de números", es mejor que les hagas una pregunta. Con toda la amabilidad del mundo, diles: "¿Podrías decirme qué les dices a tus prospectos cuando les preguntas si quieren conocer más acerca de tu negocio?" Debes estar preparado para quedar horrorizado con las respuestas que escucharás. Algunas de las que he recibido a este respecto me han dejado asombrado. En ese punto, suelo decirle al representante en turno: "Si eso es lo mismo que les has compartido a tus prospectos, yo tampoco querría saber de tu negocio. ¿Te gustaría recibir ayuda sobre cómo hablarles?"

No asumas que todos los emprendedores que recién comienzan sus negocios entienden los aspectos más básicos de desarrollarlo, solo porque son profesionales o han recibido algún tipo de entrenamiento o te han visto modelar respecto a cómo hablar con la gente. Ellos necesitan que, de manera constante, se les enseñe, se les modele, se les asista, se les impulse a hacerlo por su cuenta y que los evalúes y les brindes ayuda adicional. Aunque nos gusta mantener nuestro negocio en términos simples, las habilidades necesarias para interactuar eficazmente son mucho más sutiles y complejas de lo que te imaginas.

¿Alguna vez has visto el programe de televisión *Home Improvement,* cuyo protagonista es Tim Allen? Él suele acudir a "Wilson", su vecino del lado, para pedirle consejo. Wilson siempre le da consejos claros y precisos. Después de ellos, Tim intenta comunicarle a alguien lo que acaba de escuchar y siempre termina enredando el mensaje, ¡y el significado de lo que escuchó! ¡Sus palabras no se acercan en nada a lo dicho por Wilson! Lo mismo suele suceder en nuestro negocio. Los nuevos representantes reciben tu apoyo y entrenamiento. Luego, cuando están por su cuenta, olvidan pro completo todo lo que aprendieron y este negocio que parecía tan fácil ahora comienza a parecerles imposible. Es así como empiezan a desanimarse. Sin embargo, lo que en realidad necesitan es del liderazgo de su patrocinador, de sus destrezas, junto con visión y motivación renovadas.

Motivación: esta es una excelente cualidad. Es impulso, deseo y determinación. Es el fuego en el estómago que nos hace querer seguir adelante. Es la razón por la cual cada soñador hace algo nuevo o diferente. Es la fuente de combustible que nos ayuda a mantener la concentración.

La motivación tiene dos fuentes. Una es interna y la otra es externa. La más profunda y duradera es la motivación que proviene del interior de cada representante. Quienes aprovechan su propia fuente de motivación intrínseca son los que rara vez se detienen. Ellos saben lo que quieren y por qué. Y saber el "qué" y el "por qué" de sus negocios les genera el impulso para ir tras sus sueños y les da la disposición para trabajar. Es por esta razón que lo primero que un líder hace con un nuevo representante es presentarle cuales son los cuatro ingredientes del éxito. Y cuando los identifique con claridad, este nuevo representante los usará para su propia motivación interna y el patrocinador puede hacer uso de ellos para brindarle motivación externa.

Como líder, estudia a quienes lideras. Si escuchas con atención, ellos te mostrarán la mezcla de perspectiva que necesitan de tu parte en las áreas de visión, destreza y motivación. Un diagnóstico correcto hace que sea mucho más fácil encontrar soluciones útiles en la arena del liderazgo.

"Cuanto más claro sea lo que ves en el futuro, con mayor seguridad harás tu trabajo en el presente".

¿Qué hago si nunca he tenido una posición de liderazgo?

Como lo indiqué al comienzo de esta sección de liderazgo, date permiso para crecer como líder. No te preocupes si nunca antes has tenido una posición o un título de liderazgo. Tampoco te preocupes respecto al título o la posición que tienes en tu compañía de mercadeo en red en particular. Recuerda que el liderazgo por influencia es mucho más poderoso que el liderazgo por título o posición. El mundo del mercadeo en red, al igual que el corporativo y el político, está lleno de dirigentes que ostentan títulos o posiciones de liderazgo impresionantes y sonoros, pero ni sus títulos, ni sus posiciones encumbradas los hacen líderes en absoluto. Incluso, resultan quedando opacados por queridos hombres y mujeres que sí tienen una genuina influencia e impacto sobre quienes los rodean. Si dudas acerca de esto, mira la vida de la Madre Teresa y la de la Princesa Diana. Ellas fueron líderes en virtud de su influencia y no de sus títulos. Mientras desarrollas tu negocio, si te pierdes en el camino del liderazgo, solo recuerda su ejemplo: sé un siervo, cuida con honestidad de los demás y comprométete con aquello en lo que crees.

CAPÍTULO
DOCE

ES HORA DE JUGAR

POR LO GENERAL, durante el desarrollo de mi negocio explico que soy el equivalente a un jugador/entrenador de la NFL. Como jugador, estoy allá afuera haciendo lo que todos los demás hacen: estudiando, trabajando duro, recibiendo mis pases y siempre buscando ocasiones para articular con otros mi emoción y confianza en el mercadeo en red y en la compañía en particular a la que estoy afiliado. En mi función como entrenador, estoy comprometido con ayudar a otros a entender cómo tener éxito en esta industria.

Durante los días de juego, un entrenador experto sabe dejar ciertos pensamientos finales en la mente de sus jugadores. Él sabe que solo tiene unos pocos minutos antes de la patada inicial. Después de eso, la pelota está, literalmente, en las manos de su equipo. Ahora, depende de ellos la ejecución. Es su turno de comenzar, mantenerse concentrados, jugar esforzándose y hacer realidad su deseo de ganar.

De hecho, es en ese punto donde nos encontramos ahora con este libro. Estamos en el último capítulo, en la última parte de la carrera. Es hora de jugar. Ahora es cuando yo debo salirme del camino y tú debes tomar la pelota y correr. Es tu turno. Es tu momento de tomar tus sueños, tu vida y tu futuro para comenzar a correr con ellos. Como entrenador que siente tanto orgullo como confianza en su equipo, quiero compartir unos últimos pensamientos contigo.

Felicitaciones

En primer lugar, permíteme felicitarte por tu tenacidad. Son pocas las personas que rara vez compran y leen un libro. Otras los compran, pero nunca los leen. Incluso hay quienes comienzan a leerlo, pero nunca lo terminan. Pero tú has terminado lo que comenzaste. Seguiste adelante... una palabra, una página, un capítulo a la vez. (Aunque seguro hubo algunas porciones del libro que disfrutaste más que otras). El hecho de seguir con lo que comenzaste te ha llevado hasta la línea de meta.

Si asumieras este mismo tipo de comportamiento y lo aplicaras a tu negocio, obtendrías el mismo resultado: tus sueños y metas se harían realidad. Recuerda: el aspecto más sorprendente del éxito en la vida no es lo difícil y elusivo que este es, sino que es engañosamente simple. El éxito lo encuentran con mayor frecuencia aquellos triunfadores que se atreven a soñar y luego dan una serie de pasos incrementales cada día con el fin de alcanzar su sueño.

En teoría, cuando dejan de pensar al respecto, la mayoría estaría de acuerdo con la simpleza del éxito. Sin embargo, la realidad es que ellos no han dejado de aplicar este concepto en su vida hasta este momento. Hoy. ¿Cuántas personas conoces que, por años, han hablado sobre lo que van a hacer? Sin embargo, nunca se han dado a la tarea de hacer aquello de lo que han estado hablando y soñando. Siempre hay una razón por la cual este no es el momento oportuno. Hay muchos soñadores a punto de comenzar a "alistarse" para iniciar, pero, por alguna razón, nunca dan los primeros pasos serios en la búsqueda de sus sueños. Al pasar el tiempo, los demás comienzan a reconocer que estos supuestos soñadores en realidad no tienen ningún sueño. Son solo soñadores. Solo desean. A veces son llorones, pero no son trabajadores en busca de alcanzar sus sueños. En consecuencia, nunca serán ganadores.

"Hoy es el único día en el que puedes dar forma, administrar y controlar".

Como llegaste hasta este punto, tú no eres tan solo un soñador. Tienes un sueño. Eres un empresario de corazón. (Esto es cierto, así nunca lo hayas sabido o admitido antes de leer este libro). A medida que te alistas para "tomar la pelota y correr", recuerda que hoy es el único día en el que puedes dar forma, administrar y controlar. Peter Drucker tiene razón cuando afirma: "La mejor forma de predecir el futuro es creándolo". Deslígate de la vasta mayoría de supuestos soñadores que no dejan de posponer la búsqueda de sus sueños un día a la vez. Sepárate de los que hacen de la proscrastinación todo un arte. Adopta el lema: "¡Pospon después!" Comprende que el presente es un regalo que debes usar para ir construyendo tu futuro. No dejes que la falta de acción te arrulle, pensando que "el compromiso está a la vuelta de la esquina".

Compromiso: ¡Está a la vuelta de la esquina!

Muchos viven toda la vida con la tranquilizante concepción errada de que el "compromiso está a la vuelta de la esquina". Se dicen a sí mismos que, en el futuro inmediato, van a comenzar a trabajar en la meta que para ellos es de alta prioridad. (Puede ser bajar de peso, ponerse en forma, aprender una nueva habilidad, comenzar una nueva empresa u otro pasatiempo, mejorar sus relaciones, etc.). Pero, conforme pasa el tiempo, nunca "dan la vuelta a la esquina" para comenzar. ¡Es como si su vida fuese una extensa, continua e interminable curva en el camino! Sin embargo, al decirse a sí mismos que pronto comenzarán, sienten que "ya lo han alcanzado". Gozan de la satisfacción momentánea de un logro futuro que solo está en su imaginación, al tiempo que evitan todo el trabajo y esfuerzo inmediato del presente. En un principio, esta parecería ser una estrategia muy buena. Pero, con el tiempo, comienza a verse muy superflua y, en la privacidad de su mente, ellos saben que hablar es fácil.

Si concibes tu lapso de vida en segmentos de tiempo, evitarás este costoso patrón de permitir que se te vaya un día a la vez. Digamos que una persona promedio viva una vida productiva de ochenta años. Esto quiere decir que puedes desglosar tu vida en ocho décadas. Ahora, imagina cada década como si fuera un "pase" que recibes para jugar el juego de la vida. Todos tenemos alrededor de ocho pases que recibimos para usarlos o invertirlos como queramos.

Por lo general, dos de esos se nos van solo en prepararnos para nuestros años productivos. Es decir, la mayoría de nosotros pasa dos décadas alistándose para la vida adulta. Eso nos deja con seis pases para jugar. Luego, incluye tu edad en la ecuación. ¿Cuántos pases ya has usado? Para muchos emprendedores, entender que tan solo tienen un manojo de pases para jugar en la vida es algo que los impulsa a disfrutar y usar cada día a plenitud. Como resultado, su vida diaria se enriquece con propósitos y enfoque.

¿Cuántos pases te quedan para invertir en el juego de la vida? Concéntrate en los que te quedan, no en los que ya usaste. ¿Cómo quieres invertir los que te quedan? Aclara tus sueños, traza algunas metas y da hoy el siguiente paso necesario para alcanzar todo eso que quieres. Es hora de dar la vuelta a la esquina, comprometerte y comenzar. Tú tienes al mismo tiempo tanto la responsabilidad como el privilegio de administrar tus sueños, al igual que tu vida. Cuando aceptas esta realidad, junto con ella adquieres la libertad necesaria para asir el futuro y no quedarte sentado y pasivo, preguntándote qué te deparará el porvenir.

Consejos para tu viaje hacia alcanzar tus sueños

Inercia: ganar la batalla diaria

¿Recuerdas la definición de "inercia" en tu clase de física de secundaria? Parte de su definición suele afirmar que "un objeto en reposo tiende a permanecer en reposo". Pues bien, esta ley de la ciencia tiene aplicaciones que van mucho más allá del mundo de la física. Es una realidad común de la vida diaria que impacta nuestras actitudes, decisiones y acciones.

Mientras vas tras tu sueño y desarrollas tu negocio, la inercia te tentará a "permanecer en reposo". Creará un hechizo en ti que te hará ver la inactividad y la procrastinación como el curso de acción más viable y racional. Esta tentación, aunque siempre está presente, es muy sutil. Nunca te pedirá de forma directa que abandones tus aspiraciones. Más bien, con mucha sutileza te sugerirá que evites la actividad y el esfuerzo *solo por un momento*. Sin duda, lo que es importante hoy, lo podrás abordar mañana sin que haya un impacto serio en tu futuro, ni en tu vida. Así que, muchos sucumben ante la comodidad de lo que les parece atractivo para el momento, ignorando lo que deben hacer. Pero, con el tiempo, la costumbre de rendirse ante la comodidad y la inercia hará que sus sueños y vidas se les escapen, una decisión, un momento, un día a la vez.

Hace poco, vi el sutil poder de la inercia y su capacidad de inmovilizar incluso a los más dotados y motivados. Carol, que hace parte de mi equipo, llevaba varias semanas sin participar activamente en nada de lo que hacíamos. Me causó curiosidad porque sabía que ella tenía un sueño y además era una de las representantes con mejores capacidades en mi equipo. (Como líder, quise ayudarla; como profesional, quería que ella entendiera lo que sucedía en su interior; como investigador, quería comprender por qué personas motivadas a veces se desvanecen de manera misteriosa en esta industria). Así que la llamé para indagar con la mayor gentileza posible acerca de su inactividad. Su respuesta fue directa, honesta y poderosa. Me dijo: "Tom, no renuncié. Solo me detuve". ¡Bang! La inercia había cobrado otra víctima. En la escena del crimen no había ninguna señal de ingreso forzoso, ni de lucha. Su sueño seguía intacto, su confianza era elevada y sus creencias en el poder del mercadeo en red eran firmes. Pero la inercia, avanzando como una droga que deja intacta la mente mientras paraliza el cuerpo, había cobrado su siguiente víctima. Ella había quedado inmóvil. Y le sucedió con tal sutileza, que nunca supo qué la golpeó.

Si aprendes a superar la atracción inicial de la inercia y la inactividad, disfrutarás de la satisfacción del logro alcanzado y del éxito. Cuanto más experimentas esta satisfacción, más fácil se torna el hecho de ganar la batalla contra la inercia. Esto es porque la productividad y el triunfo son energizantes en sí mismos. Te infunden energía, motivación e impulso, los cuales te animan a realizar acciones mayores.

El éxito y la energía no comenzarán a trabajar a tu favor mientras no ganes la batalla que supere la "inercia inicial". A veces, la parte más difícil de cualquier emprendimiento es solo comenzar. Por ejemplo, por años, he disfrutado del entrenamiento cruzado. Correr y levantar pesas hacen parte de mi vida cotidiana. Sin embargo, hace un tiempo, identifiqué la parte más difícil de mi ejercicio. No es correr cuatro o cinco millas, ni presionarme más allá de mis límites en la sala de pesas. *¡La parte más difícil de hacer ejercicio es amarrarme los zapatos!* Comenzar es una batalla diaria, incluso si se trata de algo que disfruto y que sé que es bueno para mí. Cuando ya he comenzado, me agrada mucho haber tomado la decisión correcta y ganar la batalla una vez más.

Al desarrollar tu negocio, acepta la realidad de que enfrentar la inercia hace parte de la vida. Es una realidad que nunca va a desaparecer y una batalla que debemos ganar una y otra vez. Toma la decisión de dejar que los sueños y metas de tu vida sean los factores decisivos en la administración de tu cotidianidad.

Tiempo parcial no equivale a calidad parcial

Uno de los aspectos más maravillosos del mercadeo en red es la libertad de desarrollar un negocio trabajando a tiempo parcial. Los emprendedores rara vez encuentran un negocio que tenga tan extraordinario potencial y que al mismo tiempo sea adaptable al horario de cada cual. Como ya lo hemos mencionado, puedes desarrollar tu negocio trabajando a tiempo completo o a tiempo parcial, pero no puedes hacerlo "en tu tiempo libre" porque ninguno de nosotros lo tiene. Hemos estado usándolo cada día de nuestra vida. Tampoco esperes que tu negocio genere el equivalente a ingresos de trabajo a tiempo completo cuando solo trabajas a tiempo parcial. Es poco probable que eso te ocurra mientras no hayas invertido en tu negocio una cantidad significativa de tiempo.

Teniendo esto en mente, comprende que tiempo parcial no significa calidad parcial. Imagínate que trabajas a tiempo parcial para otra persona en un entorno de negocios tradicional. Digamos que solo trabajas veinte horas a la semana. Aunque solo trabajaras la mitad del tiempo (la mitad de una semana laboral de 40 horas), tus empleadores no van a esperar el 50% menos de calidad en tu trabajo. Ellos esperarán que produzcas trabajo de alta calidad haciéndolo a tiempo parcial.

Por tanto, asegúrate de esperar lo mismo de ti en el desarrollo de tu negocio. No permitas que el privilegio de ser tu propio jefe, trazar tus propias metas y organizar tu horario se convierta en una licencia para hacer un trabajo mediocre o de menor calidad. En el mercadeo en red, "simple" no quiere decir fácil, ni tampoco significa menos compromiso con la excelencia. Cuando trabajes en tu negocio, hazlo lo mejor que puedas. Ya sea que estés haciendo llamadas, una presentación de negocios o entrenando a alguien de tu equipo, desarrolla tu negocio con tal entusiasmo, que coincida con la excelencia. Esa es una combinación atractiva que se refleja muy bien en ti, en tu negocio y en nuestra industria en general.

La vida pasa

Recuerdas una pegatina que hace muchos estuvo de moda y solo decía "la *!#&* pasa"? Su humor cínico mezclado con verdad la hizo muy popular. Cuando la veía, siempre sentía que no estaba completa. Debía decir algo como: "La *!#&* pasa. Pero no lo tomes como algo personal".

Mientras te esfuerzas para hacer crecer tu negocio, vas a tener que enfrentar cosas nada divertidas. Es inevitable, tendrás momentos en los que tu negocio no crecerá tan rápido como quieres; las personas no estarán tan motivadas como tú crees que deberían estarlo y además, también pueden suceder otras cosas que afecten tu gozo inmediato. En esos momentos, no interpretes lo que sucede como si fuera algo destinado solo para ti. Cuídate de no tomar las frustraciones normales del desarrollo de tu negocio como algo *personal,* como si los demás no tuvieran que enfrentar lo que tú estás experimentando.

En el mercadeo en red, los soñadores que nunca han comenzado una empresa, ni la han tenido suelen ser susceptibles a esas conclusiones erróneas cuando la situación se les torna difícil. Esto se debe a que ellos no tienen un marco de referencia con el cual comparar su experiencia. No saben que la fatiga, la frustración y el temor hacen parte de la experiencia ocasional, pero son un aspecto normal de todo empresario que va en búsqueda de un sueño.

A veces, los novatos en el mercadeo en red malinterpretan lo que enfrentan en el proceso de desarrollar sus negocios. Hay ocasiones en las que otros les han mentido con respecto a lo que se necesita para triunfar en este negocio. (O ellos no entendieron bien lo que les dijeron). Por ejemplo, alguna vez has escuchado a alguien decir: "En este negocio no hay esfuerzo". O comentarios como: "Este negocio es muy fácil" al tiempo que bromean diciendo que duermen mucho y se levantan tarde cada mañana. De tantas cosas, solo una puede ser cierta cuando la gente hace estas afirmaciones: si dicen que duermen hasta tarde, que nunca han tenido que esforzarse y que el negocio les parece fácil, están: a) mintiendo; b) diciendo la verdad, pero no están ganando dinero; o c) diciendo la verdad al afirmar que *ahora* pueden dormir hasta tarde, que el negocio les parece fácil y que no tienen que esforzarse porque *ya antes* hicieron su parte hasta lograr el desarrollo de su negocio y ahora están disfrutando de los frutos de su valor, de su trabajo arduo y su tenacidad. El poder del mercadeo en red y de los ingresos residuales les está funcionando porque ellos trabajaron en su negocio.

Recuerda lo que es "normal"

Mientras recolectaba información para este capítulo, mi esposa y yo salimos a cenar con unos de nuestros amigos más queridos. Ellos son una pareja y tanto el esposo como la esposa son macroemprendedores. Cada uno de ellos sabe cómo es concebir, iniciar y desarrollar una corporación de gran tamaño. Durante la cena, le pregunté a él acerca de la empresa que está dirigiendo en este momento. Ya ha invertido varios años y millones de dólares en ella y ya está en el proceso de pasar a ofrecer acciones en la

Bolsa de Valores. Ese mismo día, él había recibido la noticia de la Comisión de Bienes y Valores informándole que su ingreso a la oferta pública se tardaría un mes. Este sencillo retraso, que parecía inocuo para la Comisión, significaba que mi amigo tendría que tomar dinero de su propio bolsillo y hacer un cheque por otros $100.000 dólares.

La próxima vez que te sientas frustrado con algún aspecto de tu negocio, recuerda que no estás solo. Los momentos difíciles hacen parte normal de la vida en cualquier emprendimiento importante. Y sin duda, hacen parte normal del desarrollo de toda empresa. Puedes enfrentarlos y superarlos o quedar arruinado ante ellos. Debes soportar los tiempos difíciles si quieres gozar del triunfo. Recuerda, hay una razón por la cual tú como empresario vales cada uno de los dólares que recibas al final. Recibirás tu pago no solo por tu tiempo o por tu talento. El pago que recibas también será por haberte atrevido a soñar, por tener valor puro y fe detrás de todo lo que logres. La suma total de estas extrañas cualidades es la que te califica para recibir extraordinarios rendimientos en términos de ingresos y satisfacción personal.

Elige un caballo y cabalga sobre él

¿Alguna vez has ido al circo y has visto cómo algunos de los artistas montan sobre dos caballos al mismo tiempo? Aunque es entretenido verlo, ninguno de nosotros pensaría en montar dos caballos al mismo tiempo, como medio de transporte serio.

Lo mismo sucede en el mercadeo en red. Si intentas usar esta maravillosa industria como medio de transporte, por ejemplo, para ir del punto "A" (donde te encuentras ahora en la vida) al punto "B" (a dónde quieres llegar en la vida), entonces tienes que "elegir un caballo y montarte sobre él". No creas que conseguirás participar activamente en varias compañías de mercadeo en red si pretendes ser serio en el desarrollo de tu negocio. No tendrás suficiente tiempo, ni pasión, ni energía para dispersarlos en muchas direcciones.

Por un lado, creo que los representantes que se involucran con varias compañías lo hacen porque disfrutan de la amplia oferta de productos y servicios de alta calidad disponibles en nuestra industria. Eso está bien. Pero otros participan en varias compañías porque van en busca de una comida gratis. Esperan un "boleto gratuito" hacia la libertad financiera y están seguros de que solo tienen que enganchar su remolque a la compañía o persona correcta para así generar ingresos residuales serios con muy poco esfuerzo. Como consecuencia, se involucran con varias compañías o abandonan una compañía para adoptar otra, seguros de que esa nueva compañía requerirá de menos trabajo y les proporcionará retornos en menor tiempo y más elevados.

*"Tienes al mismo tiempo la responsabilidad y
el privilegio de administrar tus sueños,
al igual que tu vida".*

(Lamentablemente, en esta industria todavía hay un pequeño porcentaje de representantes al cual le gusta ir tras aquellos que tienen expectativas ingenuas. Por tanto, no tardan en prometerles a estos queridos soñadores que, si se vinculan a su compañía, y en particular a su equipo, entonces sin duda alguna tendrán la "oportunidad" de beneficiarse del "crecimiento explosivo" mediante el cual ganarán mucho más dinero en periodos más cortos, con mucho menos esfuerzo, etc. En mi mente, estas personas, que ya no es tan común encontrarlas en esta nueva era del mercadeo en red, no son ni empresarios, ni desarrolladores de negocios. Son más como piratas modernos que navegan, venden emociones, roban a los recién llegados y siguen su camino).

Así que, mientras desarrollas tu negocio, mantente afianzado en la realidad. La invitación a afiliarte a una compañía de mercadeo en red no es una oportunidad (palabra que uso lo menos posible en mi negocio) para hacer poco y ganar mucho. Más bien es una invitación a usar esta industria, junto con la compañía que elijas, como el escenario en el que tendrás la posibilidad de ir en pos de tus sueños. Es una invitación a soñar en grande, desarrollar una empresa, madurar como persona, liderar un equipo, tocar la vida de otros y trabajar más duro de lo que jamás hayas trabajado. Con el tiempo, el resultado será ingresos residuales que te darán la libertad financiera que la mayoría de los demás ni siquiera se imagina, ni mucho menos experimentará.

Si en este momento estás vinculado a una compañía de mercadeo en red y confías en ese liderazgo empresarial, te gustan sus productos o servicios, el potencial de compensación y tienes pasión por lo que haces, entonces sigue ahí. Monta en ese caballo por todo lo que vale. Acomódate en la silla y sigue adelante. Concéntrate en el destino y sigue trabajando laboriosamente.

No dejes que nadie te robe tus sueños

¿Alguna vez has salido a acampar y has usado una linterna Coleman? Una de las partes más interesantes de este tipo de linterna es el manto, que se hace muy frágil después que se ha encendido. Si lo golpeas con fuerza, se desbaratará. Pero cuando lo cuidas y le proporcionas combustible como es debido, un manto da una asombrosa cantidad de luz. Nuestros sueños son algo similar. Son tan frágiles como el manto de las linternas Coleman. Pero un sueño intacto, cuando se lo alimenta y se le cuida como es debido, da mucha luz. Tu responsabilidad es proteger tu sueño. Ten cuidado de no dejar que otros te lo dañen, ni te lo roben.

Recuerda que, como empresario, tú tienes la creciente capacidad de ver cosas que muchos otros no ven. A medida que desarrolles tu negocio y te asocies con otros emprendedores, alcanzarás una visión 2/500. Es decir que estarás en capacidad de ver sin esfuerzo a 500 pies lo que otros no ven a una distancia de dos pies. No dejes que la incapacidad de algunos para ver lo que está justo ante ellos te haga dudar de la realidad de tu propia visión. Agradece tu capacidad visual, siéntete agradecido de tener un sueño y no renuncies a tu determinación de hacer que lo que ves en tu mente se haga real en tu experiencia de vida. Por último, recuerda que eres más fuerte de lo que crees.

Eres más fuerte de lo que crees

A lo largo de los años, he tenido en mi trabajo el placer de interactuar con algunos de los personajes más destacados del mundo en muchas áreas (de la política, el mundo corporativo, los medios, el entretenimiento, así como atletas profesionales). Sin embargo, hay una persona que se destaca en mi mente como el ser humano más interesante con quien me haya podido encontrar. Se llama Susan Butcher. La admiro por la claridad de su sueño y por su disposición a hacer lo que sea necesario para ser la mejor. Ella es una musher de talla mundial; es decir, ella compite en trineos halados por perros. Como musher, ostenta nueve récords de velocidad. En cuatro ocasiones ha ganado las pruebas más duras de habilidad, valor y ánimo jamás concebidas en la Historia de las competencias. Ella compite en el Iditarod. Es una carrera que se realiza cada año el primer sábado de marzo; comienza en Anchorage, Alaska y se extiende por 1.100 millas hasta Nome, Alaska.

Susan me relató una historia de una de sus recientes carreras Iditarod. Estaba de líder y le faltaban solo 40 millas para terminar. En ese punto, otro competidor la alcanzó y la sobrepasó. Ella quiso insistir y retomar el liderato, pero estaba muy cansada. El cansancio absoluto había cobrado su cuota y la fatiga se había convertido en su realidad dominante, así que empezó a perder el enfoque y a poner en riesgo su sueño. Se dijo a sí misma que llegar en segundo lugar no estaría mal. Encontró algo de comodidad al conceder el primer lugar y rendirse ante su fatiga. De esa forma, sería mucho más fácil...

Pero luego, por un instante y de manera asombrosa, su mente se aclaró. Recordó lo que de verdad quería: la victoria. Recordó las palabras que un viejo sabio de Alaska le había dicho: "Hay muchas cosas difíciles en la vida, pero solo hay una triste: renunciar". Llena de heroísmo, Susan comenzó a controlar sus pensamientos y emociones en lugar de permitir que ellos la controlaran a ella. De repente, ahondó en su fortaleza más profunda y fue mucho más a fondo de lo que nunca había ido. Se dijo:

"¡No pasé casi dos semanas compitiendo en un clima a 40 grados Fahrenheit bajo cero y durmiendo solo dos horas por noche para llegar en segundo lugar!"

"¡Este año, no viajé más de 10.000 millas en un trineo halado por perros para prepararme para esta carrera, solo para llegar en segundo lugar!"

"¡No alimenté, crié, ni entrené a 150 perros para llegar en segundo lugar!"

"¡No alimenté a mis perros cinco veces al día, ni saqué de cinco a siete equipos diferentes cada día para llegar en segundo lugar!"

"¡No solo competí pasando sobre cuatro cordilleras, 170 millas de océano y 150 millas del río Yukon para llegar en segundo lugar!"

"¡He soñado, entrenado y trabajado para ser una ganadora!"

Con una inquebrantable voluntad para ganar, Susan se bajó de su trineo y corrió las últimas 40 millas. Y en ese proceso, recobró el liderato y ganó la carrera.

Ahora es tu turno. Es hora de jugar. Como entrenador, solo tengo una última cosa que decirte: atrévete a soñar y trabaja para ganar.